Educação, mito e ficção

Dados Internacionais de Catalogação na Publicação (CIP)
(Câmara Brasileira do Livro, SP, Brasil)

Brom, Luiz Guilherme
Educação, mito e ficção / Luiz Guilherme Brom, Tânia
Aguiar. -- São Paulo : Cengage Learning, 2010.

Bibliografia
ISBN 978-85-221-1069-8

1. Adolescência 2. Educação 3. Educação -
Filosofia 4. Pedagogia 5. Psicologia educacional.
I. Aguiar, Tânia. II. Título.

10-09726

CDD-370.1

Índice para catálogo sistemático:
1. Educação : Filosofia 370.1

Educação, mito e ficção

Luiz Guilherme Brom
Tânia Aguiar

Austrália • Brasil • Japão • Coreia • México • Cingapura • Espanha • Reino Unido • Estados Unidos

Educação, mito e ficção
Luiz Guilherme Brom e Tânia Aguiar

Gerente Editorial: Patricia La Rosa

Editor de Desenvolvimento: Fábio Gonçalves

Supervisora de Produção Editorial:
Fabiana Alencar Albuquerque

Copidesque: Nelson Luis Barbosa

Revisão: Maria Dolores D. Sierra Mata
e Cristiane Mayumi Morinaga

Diagramação: Cia. Editorial

Capa: Ale Gustavo

©2011 Cengage Learning Edições Ltda.
Todos os direitos reservados.

Todos os direitos reservados. Nenhuma parte deste livro poderá ser reproduzida, sejam quais forem os meios empregados, sem a permissão, por escrito, da Editora. Aos infratores aplicam-se as sanções previstas nos artigos 102, 104, 106 e 107 da Lei nº 9.610, de 19 de fevereiro de 1998.

Para informações sobre nossos produtos, entre em contato pelo telefone **0800 11 19 39**

Para permissão de uso de material desta obra, envie seu pedido
para **direitosautorais@cengage.com**

© 2011 Cengage Learning. Todos os direitos reservados.

ISBN-13: 978-85-221-1069-8
ISBN-10: 85-221-1069-7

Cengage Learning
Condomínio E-Business Park
Rua Werner Siemens, 111 – Prédio 20 – Espaço 4
Lapa de Baixo – CEP 05069-900
São Paulo – SP
Tel.: (11) 3665-9900 – Fax: (11) 3665-9901
SAC: 0800 11 19 39

Para suas soluções de curso e aprendizado, visite
www.cengage.com.br

Impresso no Brasil.
Printed in Brazil.
1 2 3 4 5 6 7   13 12 11 10 09

Às minhas crianças, Guilherme e Mariana, a todos os jovens que estudam sonhando com uma vida mais digna e aos meu colegas do curso de Pedagogia da Universidade Federal de São Carlos (UFSCar).

Luiz Guilherme Brom

Para Ana Beatriz, Luis Felipe, Théo e todos os recém-chegados, agentes do novo, que têm como tarefa mudar o mundo.

Tânia Aguiar

Prefácio

A *educação* – senão a *escola* propriamente dita – é o fio condutor que nos permite percorrer com suficiente segurança – no interior deste livro com que nos agraciam Luiz Guilherme Brom e Tânia Aguiar – os inextricáveis labirintos conceituais que vão do mito à tradição, da tradição à modernidade, da modernidade à adolescência, e desta a um certo "padecimento" docente em face do exercício contemporâneo do educar – trajeto que, talvez, seja mesmo inelutável para quem pretende fazer saltar aos olhos não a *condição de possibilidade* de uma verdade incondicional sobre a educação, isto é, da suposta verdade educacional em si mesma, mas antes a *condição de possibilidade* de se dizer a verdade no campo educacional ou ao menos de se supor que se a diz aí.

Não subestimemos a chamada "passagem do mito à razão" empreendida pelos gregos por volta de seiscentos anos antes de Cristo, porque de fato tratou-se de uma *invenção* sem paralelos até aqui ao longo do devir humano. Entretanto, tal "passagem" foi, é e provavelmente continuará sendo tão inacabada e inacabável quanto o é o ser humano mesmo. Não que concordemos, ainda com respeito ao mesmo tema, com a idéia de que o mito era já – e desde sempre o teria sido – razão, ou que a razão não seja mais do que meramente mito. Parece-nos, contudo, *racional* admitir que é inesgotável o trabalho do pensamento, o que implica reconhecer também que o enigma do mito não cessará de nos espantar e mobilizar, e que, sobretudo, é a nós que cabe julgar se um mito nos humaniza ou, ao contrário, nos desumaniza, bem como o que haveremos de fazer em face de uma possibilidade ou de outra. A propósito, foi sobretudo o Positivismo, muito mais talvez do que o Iluminismo, que recaiu com usura no pensamento mítico ao pretender suprimi-lo de uma vez por todas. Na educação, por sinal, se paga até hoje o preço por esse tipo de racionalização estreita, cientificista, das tradições e *experiências* institucionais da escola; gosta-se, mesmo, de acreditar que tal "racionalização" chegará a se consumar plenamente mediante a incorporação ao cotidiano escolar deste ou daquele recurso técnico-instrumental de última geração, e que é o que supostamente "estaria faltando, afinal, à educação", tal como se alardeia e repete. Mas como diz Brom neste livro, eis aí a razão do sucesso do mito, e a sensação de conforto com que certos mitos nos acenam e nos tentam a sacrificar a reflexão no altar de uma "verdade incondicional".

Embora mito e tradição não sejam em absoluto as mesmas coisas, possuem eles em comum a "autoridade das origens", isto é, aquele tipo de autoridade que o passado exerce sobre o presente e o futuro. E se a tradição não passou incólume à "passagem" do mito à razão iniciada na Grécia, ainda menos ilesa restou ela com o advento da Era Moderna. É que os homens modernos atribuíram-se a prerrogativa simbólica de realizar um balanço das heranças da tradição, prerrogativa que, aos olhos de muitos pensadores, implicou o esfacelamento mesmo do legado tradicional (e com ele o da autoridade do passado). Ora bem, o moderno esboroamento da tradição tanto pode aparecer, aos nossos olhos, como um convite e uma oportunidade ímpares à reflexão quanto pode provocar em nós uma dada *reação*, e que é aquela mediante a qual se busca responder *tradicionalmente* (ou mesmo, *miticamente*) a problemas que não mais encontram "solução" no estofo de uma tradição partida, estilhaçada (isto é, no interior da qual apenas se pode, agora, recolher "fragmentos" e herdar "cacos"). Em outras palavras: a tradição já não dispõe, por exemplo, do poder de decidir com quem se vai casar; ou qual profissão se exercerá; ou ainda qual será a posição de um sujeito no tabuleiro do xadrez social. De certa forma, esse "trabalho", agora, representa um *ônus* que incide mais densamente sobre as subjetividades (preço a ser pago simbolicamente pelos sujeitos em nome de um quinhão a mais de liberdade, quiçá). É nesse sentido, pois, que Tânia Aguiar nos dá a ver que, se os dispositivos societários tradicionais se "dissolveram no ar", então as adolescências modernas despontam aí como uma resposta inconsciente a um processo de transmissão cultural em que a tradição já não pode "dar a última palavra" (até porque, mais ainda que no passado, é ao sujeito moderno que cabe adquirir aquilo que herda, que cabe apropriar-se da cultura, isto é, dos estilhaços da tradição). E ora bem, sabe-se como no ideário político-educacional da Revolução Francesa ("mito fundador" da modernidade) a escola foi incumbida da tarefa de formar o "homem novo", de fazê-lo haver-se com o passado no tempo presente a fim de delinear nesse mesmo movimento um novo futuro, um futuro em aberto. Eis então aqui, novamente, os fios condutores deste livro: a educação, a instituição escolar; e eis a encruzilhada em que elas se (des)encontram com a tradição e a modernidade, com a reinvenção da adolescência, e com o mito (mesmo que no caso se trate do mito positivista).

E é esse espírito positivista – hegemônico na contemporaneidade, sem dúvida – que é analisado por Luiz Guilherme Brom e Tânia Aguiar, na medida em que o positivismo rechaça a pretensão de se tentar responder aos impasses educacionais da Era Moderna por meio do debate público em torno de um projeto político e escolar (a exemplo do debate político que insuflou os tempos modernos em sua aurora). O Positivismo recorre, isto sim, à mística das (supostas) "ciências aplicadas à educação". Ou em termos bem contemporâneos: os "transtornos" adolescentes (dentro e fora da escola) decorreriam, por exemplo, de um "curto-circuito" neurológico que poderia ser adequadamente aplacado por medicamentos de última geração. Como se pode notar, já não resta aí o menor traço de um sujeito juvenil em formação, e o qual se vê às voltas com um mundo estruturalmente mais aberto, isto é, sem tanto "lastro" na tradição. A esses impasses, a esses (mal)ditos "distúrbios adolescentes" oferecem-se nas escolas de hoje repostas estruturalmente fechadas, tais como a pretensa educação para as profissões do futuro, a educação para a felicidade plena e previamente assegurada no porvir, a educação para o total gozo do bem-estar em um aviltado amanhã ("amanhã" que é muito mais uma assombração fantasmática do hoje, ou melhor, do imediatamente agora).

Entre ficto (ficção) e "facto", entre mito e razão, entre fantasmático e ôntico, não se pode fazer uma escolha cabal, definitiva, excludente. Por isso, o exercício reflexivo dos autores deste livro é ainda uma lição (afinal, eles são também professores!): é preciso atravessar entre Cilas e Caríbdis. Mas não nos iludamos, pois isso não se faz sem certa cota de "mal estar na educação", isto é, sem riscos subjetivos, sem que se pague um preço (simbólico). Coisa bem diferente, entretanto, é esse mal-estar reduplicado, inflacionado, tão típico da contemporaneidade dentro e fora da escola. Paradoxalmente, é mesmo o voto derradeiramente *positivo* pelo factual, pelo ôntico (a "racionalização" unilateral) que nos faz recair com tamanha usura e com extraordinário sofrimento no irracionalismo do fictício e na loucura do fantasmático.

Douglas Emiliano Batista
Faculdade de Educação – USP
São Paulo, inverno de 2010

Apresentação

"Eu sempre guardei nas palavras os meus desconcertos", essa frase do poeta Manuel de Barros nos inspira a expressar, por meio da escrita do livro *Educação, mito e ficção*, o desconcerto provocado por duvidarmos das verdades do campo da educação. Trata-se, por certo, de um privilégio.

Longe de se configurar num novo manual pedagógico ou educacional, este livro questiona precisamente os mitos e as ficções de uma educação colocada em marcha na modernidade e que se pensa na totalidade para a modelagem do homem.

Questionar tais "verdades" e tratá-las como ficções é lançar-se num debate acerca da própria educação e dos valores da modernidade e entender que tais valores podem estar pautados em pressupostos cientificistas mal disfarçados sob as máscaras da normalização e da homogeneização.

Por isso, interrogamos a educação problematizando uma de suas mais caras crenças: de que há um ajuste ideal para um ser ideal (e natural) que poderá promover resultados com vistas à adequação. Interrogamos a educação em suas práticas, nos seus limites e regularidades, o que permite compreender as ficções como as condições de possibilidade pelas quais o campo da educação diz as suas "verdades". Ou seja, não tomamos tais ficções como opostas a uma verdade maior que viria a solucionar os conflitos deste campo.

Na primeira parte, tais interrogações apontam para os desdobramentos provocados na instituição escolar por uma educação redutível às crenças e mitos, ambos ancorados nos imperativos da racionalidade. Interroga-se o modo como a educação se sustenta nos preconceitos, ilusões e dominação, e os efeitos provocados sobre os alunos, levados a crer que tais invenções são coisas da natureza. Tal crença se reverte em uma educação que, antes de abarcar a complexidade humana, tolhe a expressão da humanidade, uma vez que está pautada em uma cruzada contra a ignorância que somente com a isenção científica se poderia remediar.

Nessa mesma esteira interrogativa, o tema da segunda parte do livro concentra-se na invenção humana que permeia as práticas educacionais: a adolescência. Trata-se de refletir sobre a conceituação da adolescência e as construções em torno de um impasse no campo da educação provocado por tal conceituação. Em uma visão teórica – da psicanálise, da educação e da filosofia – que possibilita admitir que não haja um sujeito fixo, dotado de uma identidade ontológica, mas suporte de discursos que o representam, questionamos não quem são os adolescentes, mas como chegaram a ser quem são por meio das práticas que produzem uma entidade conceitual tomada como natural e para a qual são destinadas prescrições e adequações para amparar o "verdadeiro" da adolescência.

Assim, nossas palavras guardam nossos desconcertos e os daqueles que, como nós, duvidam das conceituações, das crenças, das ficções e das invenções que deixam escapar o humano da educação em nome de verdades (in)sensatamente configuradas. Nossas palavras guardam os desconcertos provocados pelas verdades inventadas por uma razão teimosa e impostora que intenta cavar sentido e qualificar o que não pode sê-lo: nossa humanidade.

Luiz Guilherme Brom e Tânia Aguiar
São Paulo, 2010

Sumário

Parte I Educação, mito e ficção, 1
Luiz Guilherme Brom

1 Sobre as coisas que o homem inventa, 3

2 A educação que prepara a criança e o jovem para o futuro, 9

3 O professor que ensina, ou o aluno que aprende?, 15

4 Neutralidade e sacralização: a didática e o currículo, 21

5 As provas, as avaliações e o fracasso escolar, 27

6 Preconceito: a verdade de quem olha e a verdade de quem é olhado, 33

7 A prática docente: não há ensinar sem aprender, 39

8 Estudar: do sacrifício para o prazer e o método, 43

9 Educação a distância ou educação presencial? Um falso dilema, 47

10 Ensino superior: educação para o emprego ou para a vida?, 51

Referências bibliográficas, 55

Parte II A conceituação da adolescência e a educação: construções em torno de um impasse, 59
Tânia Aguiar

11 Os anormais, 61

12 Circularidade, repetição e o nascimento de um conceito: adolescência, 73

13 A adolescência é mais que uma palavra, 83

14 Adolescência e educação escolar: construções em torno de um impasse, 97

15 Considerações, 121

Referências bibliográficas, 125

Parte I

Educação, mito e ficção

Luiz Guilherme Brom

capítulo 1

Sobre as coisas que o homem inventa

Os antigos gregos, romanos e povos do Oriente Médio acreditavam no mau--olhado, que era o suposto poder que algumas pessoas tinham de causar azares e malefícios por meio do olhar. Uma espécie de magia produzida pelo olho humano, que seria capaz de trazer má sorte a quem fosse objeto desse olhar. Fenômeno de origem misteriosa, o combate a tal desgraça também se dava no terreno do sobrenatural. Aqueles povos se utilizavam de amuletos e talismãs, tais como ferraduras, pedras e metais com olhos gravados neles. Para repelir o mau-olhado, a mitologia grega recomendava ainda a figura da cabeça de Medusa, que além de serpentes no lugar dos cabelos, também possuía um fulminante olhar, capaz de petrificar quem a encarava. Mas a crença do mau-olhado não ficou restrita ao pequeno mundo antigo, pelo contrário, ultrapassou fronteiras, resistiu ao tempo, tornou-se universal e chegou aos dias atuais. No Brasil, é conhecida também como olho gordo, olho-grande ou ainda como olho de seca pimenteira, como informa o folclorista potiguar Luís da Câmara Cascudo (1982). Tanto quanto no tempo dos gregos e romanos, aqui também as armas de proteção se configuram em amuletos mágicos, como a figa, a meia-lua e o elefante.

Na superstição do mau-olhado, assim como em tantas outras, o mito mostra toda a sua força, se espraiando pelo mundo e se conservando por milênios. Mito pode ser compreendido como um relato ou narrativa que explica os fenômenos da vida, sem compromisso com a verificação da verdade do que diz, ainda que não necessariamente seja composto apenas de inverdades. Sendo um conhecimento socialmente produzido e difundido, o mito pode se apresentar na forma de lenda, fábula, alegoria, ideia, afirmação, estereótipo, preconceito, crença, valor social ou regra moralista. Também pode carregar consigo elementos de ocultismo, magia e sobrenaturalidade.

Tem longa tradição oral, mas, ao contrário do que se pensa, os avanços tecnológicos e científicos do mundo contemporâneo nem de longe arrefeceram a produção e difusão mitológica. No terceiro milênio o mito se reveste de inúmeros disfarces e novas roupagens, mas segue vigoroso. Os caldeirões dos antigos feiticeiros da Idade Média foram substituídos por sofisticados equipamentos de mídia digital, a serviço dos magos contemporâneos que difundem afirmações categóricas, respostas prontas e fáceis, *slogans*, chavões e receitas de autoajuda. Na sociedade do espetáculo, o mito é um sucesso de vendas. O mito, em última análise, oferece uma sensação de conforto, pois dispensa o esforço de reflexão para a compreensão das complexidades que a realidade apresenta. Daí seu enorme sucesso. É mais fácil consultar o horóscopo do que refletir sobre o que se é ou sobre o que se pretende ser. Mas, como se pode ver a seguir, o mito também pode acarretar dramáticas consequências para a vida das pessoas.

O mito é uma janela para a interpretação da realidade, que dispensa comprovações e explicações racionais. É, muitas vezes, de autoria anônima e de produção coletiva. É a aceitação social que dá vida ao mito, na forma de um saber coletivo e popular, cuja veracidade não pode ser constatada, mas nem por isso deixa de cumprir um importante papel na cultura social. Afinal, há algo de mais importante do que conhecer as causas da má sorte? O mito responde a essa ansiedade apresentando uma possível causa para as adversidades da vida. O mito dá as respostas, oferece consolação e alívio ao revelar o que está oculto, ao desvendar os mistérios do desconhecido. A realidade é, muitas vezes, insuportável para os seres humanos e as explicações para os fenômenos da existência, mesmo que ilusórias, reduzem o mal-estar. A imaginação atenua as dores e mágoas que a realidade provoca. Assim, uma vida de sofrimentos pode encontrar conforto nas narrativas mitológicas, suavizando angústias e carências, tornando mais humana a desumana realidade. Dos rituais aborígines australianos às cerimônias religiosas indianas, dos deuses gregos às venerações astecas, a mitologia expressa à essência cultural de cada povo, sua visão de mundo, suas amarguras, temores, alegrias, prazeres e esperanças. Georges Balandier (1997), em *A desordem: o elogio do movimento,* lembra que o mito organiza e integra os grupos sociais mediante ritos e símbolos. E mais: o mito exerce sobre as pessoas um irresistível poder de sedução e fascínio.

Tal como o mito, a ficção pode ser entendida como criação fantasiosa. E tanto quanto o mito, também pode carregar consigo verdades humanas por trás da aparente fantasia. Em seu livro *A verdade das mentiras*, Mario Vargas Llosa (2003) relata que obras literárias do gênero abstrato, romances e ficções, foram banidas pelos inquisidores espanhóis durante 300 anos na América espanhola. A primeira ficção literária na região, na forma de romance, foi publicada somente após a independência, em 1816, no México. A desconfiança das autoridades espanholas não era sem fundamento, pois viver outra vida, mesmo que apenas na imaginação, é uma forma de rebeldia, de ser menos escravo e mais livre. As ficções literárias podem não tratar de fatos reais, esclarece Llosa, mas lidam com sentimentos muito verdadeiros e humanos, como o ódio, o amor, a paixão e a felicidade. O enorme sucesso da ficção literária talvez se deva exatamente a isso: às verdades humanas que trazem consigo, em meio a histórias fantasiosas.

Mito e ficção podem então apresentar aspectos extremamente positivos, consoladores, reconfortantes e até mesmo indispensáveis a uma vida equilibrada.

Mas o seu avesso não é nada dignificante: também se prestam a sustentar tiranias, preconceitos, xenofobias, racismos, menosprezos e toda sorte de ideias prejudiciais ao entendimento humano. Mito e ficção, em especial quando deliberadamente criados e difundidos, podem ser de grande utilidade para o propósito de dominação do homem pelo homem, com requintes de perversão e crueldade. Sob o mito do rei coroado por Deus (*Rex a Deo coronatus*), monarcas absolutistas oprimiam, exploravam, torturavam e matavam. Com a consolidação do princípio familiar do sangue na França da Idade Média, conforme explica o historiador medievalista Jacques Le Goff no *Dicionário temático do Ocidente medieval* (Le Goff & Schmitt, 2006), o nascimento passou então a definir o privilégio de alguns poucos. O mito do homem bem nascido, do homem nobre, merecedor de regalias, diferente dos demais e com direitos especiais, é ainda hoje forte e resistente. Passados tantos séculos, permanece a crença no berço como critério de diferenciação das pessoas. Uma invencionice humana que não passa de grosseiro pretexto para justificar a sorte de alguns ante o infortúnio de muitos. A imposição desses mitos ocorre geralmente pela força. Quem pode mais impõe aos outros as suas concepções. Foi pela força que os europeus estabeleceram sua religião nas Américas e difundiram a ideia da superioridade do homem branco sobre os demais. O mito do homem branco como um ser que se encontra no topo da hierarquia da espécie humana inspirou o nazifacismo e ideias preconizadoras de eugenia social.

Por volta do século XVII, porém, a concepção mitológica das coisas da vida e do mundo depara-se com um ambicioso inimigo: a ciência, que nasce com a pretensão de eliminar todo tipo de crendice e superstição, acenando com a promessa de um futuro de progresso e de bem-estar para a humanidade que só o avanço tecnológico poderia proporcionar. Já o século XVIII, chamado das Luzes, é convencionalmente apontado como o marco inicial da Era Moderna, que promove um vigoroso ataque aos valores e crenças do antigo mundo medieval, ao mesmo tempo que decepa na guilhotina elegantes cabeças da nobreza absolutista. O Iluminismo formula o projeto teórico desse novo tempo, enquanto o advento da indústria, a Revolução Francesa e a independência americana se traduzem em algumas das ações práticas inspiradas nas novas ideias. O teocentrismo cede espaço ao antropocentrismo. A razão como critério superior de valor do pensamento se dissemina pela filosofia e pela educação, assim como para o Estado, para o direito e para a economia, livrando esses campos de conhecimento da tutela teológica. Inimiga visceral do mito, a Era Moderna nasce com a pretensão de dar um basta às narrativas fantasiosas e às explicações dogmáticas: o mundo agora deveria ser orientado pela racionalidade, com vistas ao desenvolvimento econômico, social e tecnológico, bem como à paz e à liberdade.

A educação contemporânea se pretende filha da ciência, em franca ruptura com o modelo educacional dogmático e religioso da época medieval. A Revolução Francesa de 1789 pôs a educação na ordem do dia, defendendo a instrução pública para todos, administrada pelo Estado, de caráter laico e livre. Do outro lado do Atlântico, Benjamin Franklin e Thomas Jefferson, os pais dos Estados Unidos da América, receitavam uma verdadeira cruzada contra a ignorância, propondo que a escola elementar fosse gratuita para todas as crianças dos sete aos dez anos. A educação ganha *status* de questão pública e de assunto de Estado. Jean-Jacques Rousseau (1712-1778), autor do *Contrato social*, obra inspiradora da Revolução Francesa, também revolucionou a pedagogia por meio da sua obra *Emílio*. Sem ser propriamente um educador, suas ideias pedagógicas influenciaram fortemente a moderna concepção de educação. No século XIX, tanto na América quanto na Europa, a massificação da educação avançou *pari passu* com o desenvolvimento da nova sociedade industrial, cujas necessidades profissionais eram crescentemente dependentes da instrução. Esse século foi particularmente efervescente em experiências e ideias para a educação. Na Inglaterra, alunos de níveis mais avançados, orientados por professores, ensinavam alunos que se encontravam em estágios mais iniciais. Foi a grande experiência inglesa do ensino mútuo ou monitorial, que chegou a atingir 30 mil alunos e se expandiu por países como Estados Unidos, Austrália e África do Sul. Na Alemanha, ainda no século XIX, Friedrich Fröebel (1782-1852) criava os "jardins da infância" para crianças de mais tenra idade e seu compatriota Johann Herbart (1776-1841) formulava uma abordagem científica para o ensino. Já o suíço Johann Pestalozzi (1746-1827) ficou célebre em suas experiências com a educação e instrução de crianças pobres. Ao longo do século XX, as teorias e experiências educacionais avançaram em ritmo ainda mais frenético, ganhando escala e dimensão. A educação de crianças e adolescentes vai se tornando compulsória nos países industrializados, enquanto o sistema universitário se moderniza, se expande e se firma como manancial profissional, científico e tecnológico.

Em suma, tal como conceituada na modernidade, a educação deveria ser universal, laica e científica. Mito, crença, superstição e dogma são declarados nocivos pela educação moderna que, sob os auspícios da ciência, passa a rejeitar todo conhecimento que não tenha origem na própria. Ao misticismo, o pensamento científico destina os piores impropérios, acusando-o de fraude, charlatanismo, trapaça e de ser fruto da ignorância popular. Por considerá-los igualmente estranhos à racionalidade, também trata com desprezo o sentimento humano, a subjetividade, a imaginação, a espiritualidade, o desejo e a diversidade cultural. A ciência nega caráter racional a toda forma de conhecimento humano que não se pauta pelas suas próprias regras e normas, como diz o professor português Boaventura de Souza Santos (2002). Max Weber (1996) acusou a quebra da aliança entre Céu e Terra, a secularização e o desencanto do mundo. A espiritualidade e a fantasia perdem espaço para o materialismo e para o dinheiro, espécie de divindade terrena da sociedade de consumo que se consolida na segunda metade do século XX.

A marcha da modernidade em busca da terra prometida de paz e de progresso, entretanto, percorrerá caminhos não previstos pela retórica Iluminista e pelos defensores de um mundo dominado pela razão e pelo bom-senso. A ciência e a tecnologia, é certo, produziram maravilhas e salvaram vidas. Mas, também, contribuíram para matanças em larga escala. As guerras do século XX, o Holocausto, as bombas de Nagasaki e Hiroshima são também obras da ciência. Mais recentemente, a invasão do Iraque pelos Estados Unidos definitivamente transformou a guerra em um majestoso ritual de ciência e tecnologia, com transmissão ao vivo para todo o mundo. Com mais de 200 anos de existência, a Era Moderna apresenta em seu balanço algumas constatações bastante incômodas. A primeira delas reside no fato de que a fronteira entre mito e ciência é bem menos evidente do que se supunha. Não raramente características ditas científicas podem ser encontradas na narrativa mitológica, e vice-versa. Como não enxergar em alguns mitos sociais a racionalidade e a sabedoria oriundas da experiência popular? Ou então, como não suspeitar de certa dose de misticismo na propalada ideia da isenção científica? Que isenção e racionalidade são essas que produzem tecnologias para matar? De outro modo, quando conveniente, a ciência também cria seus próprios mitos, agindo como seus inimigos históricos. Peter Gay (2009), historiador da Universidade de Yale, pondera que a perda de força da religiosidade de figurino medieval na Era Moderna não significou a vitória do ateísmo sobre a espiritualidade. Bem ao contrário, sobretudo na modernidade tardia se constata uma explosão inédita de vertentes, correntes, denominações e seitas religiosas. As explicações científicas, de fato, jamais conseguiram exterminar as explanações mitológicas. Na sociedade da mídia e do espetáculo, pipocam diariamente conceitos e esclarecimentos que não guardam nenhuma relação com a ciência ou com a busca da verdade. O misticismo floresce esplendidamente nos dias atuais: em pleno século XXI, o fundamentalismo religioso de natureza intransigente e intolerante se expande de modo jamais visto. As receitas fáceis e místicas da autoajuda também experimentam um estrondoso sucesso. A crise de 2008, que brotou no sistema financeiro norte-americano, santuário do capitalismo mais avançado, mostrou o que há por trás das sisudas análises econômicas e dos sofisticados modelos matemáticos de investimentos: falsidade, manipulação, fantasia e grosseira irracionalidade. Bernard Madoff, que ganhou notoriedade pelo tamanho do seu calote no mercado de investimentos financeiros, é um exemplo acabado de feiticeiro da Era Moderna, capaz de ludibriar multidões de refinados investidores que se acreditam racionais. Assim, as bruxas de outrora ressurgem agora como midiáticos gurus, que tudo conhecem, que ganham rios de dinheiro, mas que nada provam do que dizem. O mundo da alta tecnologia é também o mundo das sessões de tarô ou das previsões de horóscopo, fenômeno tão bem dissecado por Adorno (2008) em seu livro *As estrelas descem à terra*. Entre ciência e mito, entretanto, há pelo menos uma característica comum e irrefutável: são invenções humanas, produções sociais e culturais. Não são frutos da natureza, como a chuva ou o vento. E como produtos da mente humana, ambos estão expostos a ambiguidades e mentiras, enganos e ilusões.

A educação, como ação intencional de inspiração científica, também olha com desconfiança para o que ela própria rotula de mito. Paradoxalmente, todavia, ela mesma não está imune à produção de seus próprios mitos. As pessoas formalmente educadas e materialmente desenvolvidas torcem o nariz para as crenças e explicações oriundas dos estratos populares. Um olhar mais cuidadoso sobre a questão do mito na época atual, entretanto, permite facilmente perceber que a produção mitológica não é exclusividade do que é socialmente classificado como ignorante. É também intensa nas grandes instituições do mundo moderno, tais como a mídia, a ciência, a política e a economia. E também na instituição da educação.

No terreno da educação, como em tantos outros, o mito se faz presente na linguagem e nos discursos. O mito é uma fala, define o pensador francês Roland Barthes (2007) em seu livro *Mitologias*. É transmitido oralmente ou por escrito por professores, gestores escolares, autoridades de ensino, autores, pais de alunos, especialistas diversos, mídias, livros e filmes. No epicentro desse rodamoinho se encontra o aluno. Ele é levado a acreditar em verdades que não resistem a uma crítica mais profunda, verdades que mal escondem interesses e ideologias. Ele é levado a crer que invenções, opiniões e pensamentos humanos são como coisas da natureza, contra as quais ele pouco ou nada pode fazer.

O aluno representa o destinatário final das concepções fantasiosas geradas pela educação. Assim o convencem, por exemplo, de que a escolha de uma faculdade é uma decisão definitiva, sem possibilidade de correção, que ele terá que carregar pelo resto de seus dias. Mas ainda mais jovem, quando criança, ele constata tristemente que a infância é vista pela escola apenas como uma idade de passagem, um tempo de preparo para a vida adulta. A criança deve então abrir mão do rico mundo infantil para se preparar para o mercado de trabalho. Essas e outras loucuras são transmitidas com grande desfaçatez e naturalidade pelos que atuam na educação, mas também pelas famílias e mídias de massa.

A educação se constitui, ela própria, numa intrigante invenção humana. É capaz de condicionar e de se posicionar a serviço de interesses escusos. Pode ser de grande utilidade para o propósito de dominação das pessoas, transformando-as em seres dóceis, submissos e incapazes de pensar pela própria cabeça. Mas a educação também tem o poder de esclarecer, de emancipar e de libertar o aluno da obediência cega a opiniões e interesses que não são seus. A educação também pode fazê-lo senhor de seu próprio destino, construtor do seu projeto de vida, orientado pela sua criatividade, pelo prazer e pelo desejo de viver em um mundo mais justo e agradável. Para o bem ou para o mal, a educação jamais parece ser indiferente.

capítulo 2

A educação que prepara a criança
e o jovem para o futuro

Será que existiam crianças na Idade Média? Os motivos dessa dúvida, levantada até mesmo por Jacques Le Goff (2005), são pelo menos dois. Primeiro, porque a criança sempre foi solenemente ignorada pela historiografia tradicional. A grande narrativa dos livros de história ignorou a criança em qualquer época e não apenas em relação à Idade Média. Segundo, porque, como recorte etário-social, o tempo da infância era efetivamente muito curto e por isso mesmo insignificante: a passagem para a fase adulta era extremamente rápida. Na mais tenra idade, quando a criança já conseguia andar, falar e compreender ordens elementares, ela passava então a receber tratamento de adulto. Não porém como um adulto qualquer, mas como um adulto especial, em miniatura e de baixa inteligência. Assim era na Idade Média quando, nos mosteiros medievais, crianças muito jovens eram entregues por suas famílias à educação religiosa. Eram os chamados meninos oblatos (de *oblati*, ou seja, os oferecidos), cujo destino era a vida monástica, como explica o professor Mario Manacorda (2006). Nessas escolas medievais, as dificuldades de aprendizado daqueles pobres estudantes eram tratadas como sintoma de desvio de caráter e de conduta, o que merecia chicote e longos jejuns como terapia pedagógica. E durante muitos séculos assim foi: as escolas horrorizavam as crianças, com práticas pedagógicas sádicas, castigos físicos e toda sorte de violências. Mas o inferno das crianças não se restringia à escola. Exploradas no trabalho desde os tempos imemoriais, foram intensamente aproveitadas até pelo capitalismo industrial mais recente, que empregou maciçamente esses pequenos seres nas linhas de produção fabril, em duríssimas e desumanas condições de trabalho. No século XVII, entretanto, o respeito às crianças como seres humanos foi defendido pelo checo Jan Amos Komensky, ou simplesmente Comênio em português, considerado um dos pais da moderna didática, conforme Franco Cambi (1999). Jean-Jacques Rousseau (2004), em sua obra *Emílio*, pregava uma vida livre para a criança, destacando a importância de uma infância vivida na plenitude de seus sentidos. Já o pensador suíço Johann Pestalozzi (1746-1827) destacou a importância do amor e do afeto para o desenvolvimento da aprendizagem da criança. Mas foi apenas muito recentemente, já na segunda metade do século XX, que as crianças ganharam direitos civis e, sobretudo, proteção legal crescente ante os abusos e violências praticadas por adultos na família, na escola, no trabalho e na sociedade em geral. Ainda que o trabalho infantil, o castigo físico e outras truculências dirigidas às crianças sejam resistentes em muitas partes do mundo em pleno século XXI.

O tempo passou, o mundo mudou, mas ainda são inúmeros os estigmas e preconceitos definidores do que deve ser a criança, o adolescente e o jovem em geral, como tratará, na segunda parte deste livro, a professora Tânia Aguiar. A criança e o jovem vivem ainda hoje em uma espécie de ditadura dos adultos. Uma das ideias mais difundidas nos tempos atuais é de que a prioridade para a criança e o adolescente é a de se preparar para o futuro. Qual futuro? O futuro que os adultos, em especial pais e professores, imaginam que existirá. Nesse futuro imaginado, os profissionais deverão possuir os mesmos atributos de conhecimento que devem possuir no presente. Atualmente, as crianças devem então adquirir esses atributos, com o objetivo de sobreviver profissionalmente nesse futuro imaginado. Partindo desse raciocínio simplista e falacioso, a infância e a juventude são então percebidas como meras fases de passagem para a vida adulta. Reduzidas a simples etapas de preparo para a vida adulta. Partindo desse raciocínio pode-se então concluir que vida mesmo é somente depois de adulto e que não há vida na infância e na adolescência. Em nome desse preparo, nessas fases consideradas menos importantes da existência, grandes atrocidades são cometidas em relação aos mais jovens. Imposições e exigências descabidas são apresentadas desde os níveis escolares mais iniciais, com amplo consentimento das famílias dos alunos. Nessa concepção insana, muitas escolas defendem seus currículos e conteúdos sob o argumento de que as crianças precisam ser preparadas para o futuro trabalho profissional. Essas escolas, e os pais que ali deixam seus filhos, querem então impor às crianças o aprendizado de conhecimentos que o atual mercado de trabalho exige. É isso mesmo: a espontaneidade, a alegria e a curiosidade da criança e do adolescente são então reprimidas em nome de uma coisa chamada profissão, da qual esses jovens não fazem a menor ideia do significado e que só conhecerão muitos anos depois. Assim, os requisitos de conhecimento que o mercado de trabalho considera hoje importantes são passados a essas jovens criaturas, como se o mercado de trabalho daqui a 30 ou 40 anos viesse a ser exatamente o mesmo de hoje.

O efeito é então inverso ao pretendido: a possibilidade de se tornar um profissional brilhante no futuro fica seriamente comprometida por uma educação instrumental, limitante, condicionante e orientada por interesses que não são do aluno. A curiosidade juvenil, essa maravilhosa qualidade inata favorecedora do aprendizado, é, então, pouco a pouco aniquilada pela imposição de conteúdos, atitudes e comportamentos que pouco colaboram para o seu desenvolvimento, para a formação de uma pessoa livre e criativa. Um profissional que não faz o que gosta, porque obedeceu desde criança às vontades alheias e não às suas próprias vontades, jamais será um bom profissional. Os pais, os professores, palpiteiros da educação na grande mídia e consultores das áreas de recursos humanos das empresas exercem pressão sobre o estudante, exigindo que ele abra mão de suas vontades, desejos e interesses. Que contenha sua curiosidade e seu interesse pelas ciências naturais, humanas, exatas, pelas coisas da vida e do mundo em prol de um enquadramento disciplinar que se imagina necessário para o futuro profissional. O prazer de aprender é substituído pela importância de obedecer. Ele terá uma cabeça cheia de conteúdos ali empilhados, mas não terá uma cabeça pensante, crítica, capaz de discernimento e tomada de decisão. É o conceito de "educação bancária" de Paulo Freire (2005), onde o aluno é mero depositário passivo de conteúdos despejados pelo professor. Convencido a fazer o que os outros querem que ele faça, o estudante torna mais cômoda e fácil a vida de pais e professores. Mas não a própria vida: ao atender somente o que os outros querem que faça, ele corre um elevado risco de uma vida de frustrações, de infelicidade por fazer o que não gosta. E pior, de fazer malfeito, pois ninguém faz bem o que não gosta.

Muito além do campo profissional, porém, o jovem que não aprendeu a pensar pela própria cabeça será um adulto sem autonomia, inseguro, sempre dependente das determinações dos outros. Tais características podem ser relacionadas com o que o pensador suíço Jean Piaget (1977) chama de pessoa heterônoma, ou seja, pessoa cuja conduta depende de regras e decisões estabelecidas pelos outros. Se sua vida foi um eterno obedecer, sem questionamentos e nem crítica, essa pessoa será sempre um ser dominado, subserviente, jamais livre, capaz de criar e de tomar suas próprias decisões. A escola autoritária, que impõe regras estritas, é em geral uma grande fonte de pessoas heterônomas. O mesmo vale para pais autoritários, que não abrem espaços de liberdade e pensamento para seus filhos. Essa criatura dominada terá enormes dificuldades na vida pessoal e profissional. Dificuldades de pensar, de decidir, de se relacionar, de criar e de se apoderar de seu próprio destino.

"A criança é pai do homem", dizia o poeta romântico inglês William Wordsworth. É na infância que se forja a vida adulta. É desde muito cedo, já nas brincadeiras e jogos infantis, que se aprende a pensar, a analisar, a decidir e a criar. As brincadeiras e os jogos infantis desenvolvem habilidades intelectuais como a atenção, a criatividade, a imaginação, o relacionamento social, a coordenação motora, a comunicação oral e postural, como informam os educadores Mello & Campos (2010). Ou seja, habilidades imprescindíveis ao futuro adulto, habilidades fundamentais para o exercício profissional, já que essa é a preocupação recorrente. Como diz o filósofo francês Michel de Montaigne (1533-1592), citado por Edgar Morin (2000): mais vale uma cabeça bem feita que uma cabeça bem cheia. Quem teve o desenvolvimento dessas qualidades tolhido na infância, por imposições disciplinares, terá dificuldade em adquiri-las na maturidade. A infância e a juventude não são meras fases de passagem para a vida adulta. Muito ao contrário, são momentos de grande intensidade de vivência. E como diz o filósofo norte-americano John Dewey (1952): "a escola é vida, em todos os seus estágios, e não apenas preparação para a vida". Pais e professores deveriam, portanto, favorecer e valorizar a vida da criança e do jovem, e não torná-la mero apêndice da vida adulta. Deveriam mediar, estimular, orientar e criar condições para que o jovem aprenda, para que avance com alegria na grande aventura do conhecimento, para que desenvolva sua capacidade de pensar. E jamais devem pensar por ele ou no lugar dele.

O jovem instigado na sua curiosidade, estimulado a aprender com prazer e a pensar livremente, atende simultaneamente a duas questões importantes: vive intensamente a juventude e se prepara para o amanhã. Presente e futuro estão contemplados. O jovem que aprendeu a pensar por si próprio estará menos exposto a influências nocivas, a imposições dos outros e mais atento aos seus próprios interesses, vontades e desejos. Saberá decidir com autonomia, em benefício de sua realização pessoal e profissional. Será um cidadão consciente, menos refém dos discursos políticos enganosos, compreendendo melhor a importância de uma sociedade democrática, inclusiva e justa. Estará menos sujeito a modismos, bem como a trapaceiros e charlatães que vendem conselhos obscuros e receitas de autoajuda com o objetivo de ganhar dinheiro com a ingenuidade alheia. Preparado para o futuro é o jovem que sabe o que quer, e não o que simplesmente sabe o que querem dele.

A melhor forma de enfrentar os dias que virão não é a adivinhação, como querem fazer crer alguns impostores da educação. É impossível adivinhar todas as mudanças, oportunidades e adversidades que o futuro trará para a vida de cada um. Mais impossível ainda é prever exatamente e em detalhes as profissões do futuro, como pretendem alguns gurus da autoajuda. O que permitirá ao jovem superar barreiras, resolver problemas e dificuldades ao longo da vida é sua sabedoria para aprender, é seu conhecimento, sua base de cultura, sua capacidade de pensar, de criar e de elaborar projetos para si mesmo. O mais importante legado de qualquer escola não é o diploma, mas sim ter ensinado seus egressos a aprender a aprender, a ter método para a solução de problemas e a pensar de forma independente. É desse modo pensante e crítico que o futuro adulto estará mais imune aos discursos enganosos, às falsas ideias e aos mitos modernos. O jovem que aprendeu a aprender está pronto para as mudanças do futuro. Sabendo aprender, ele aprenderá os novos conhecimentos e tecnologias, compreenderá as novas situações, absorvendo as mudanças do mundo e da vida sem desespero e com serenidade. Sabendo aprender, ele mudará também, reduzindo as chances de se tornar alienado.

Não há mal maior ao futuro adulto do que retirar-lhe a infância e a juventude. Não há violência maior do que obrigar a criança e o adolescente a viver em um mundo que não é deles, ou seja, no mundo dos adultos. Crianças pobres e miseráveis num país como o Brasil, em pleno século XXI, ainda são obrigadas a duras e pesadas jornadas de trabalho, em atividades de alto risco como catar restos de comida e outros materiais em lixões. Crianças sem infância, crianças que deveriam estar brincando e aprendendo. Mas a abundância material – ao contrário do que se pensa – também não garante à criança uma infância digna. A sociedade de consumo, o individualismo e a competição extrema da vida contemporânea também destroem a infância. No premiado documentário de Liliana Sulzbach, *A invenção da infância*, lançado em 2000, a criança rica, com uma agenda sobrecarregada de deveres e obrigações, também apresenta, no olhar e no falar, uma amargura semelhante à das crianças pobres trabalhadoras agrícolas do interior do Brasil. Todas elas, pobres ou ricas, estão submetidas à ditadura do mundo adulto, que retira da criança a alegria do viver espontâneo, impõe suas regras, suas concepções e até seus entretenimentos, como filmes e novelas de televisão. É a criança que vive tristemente no mundo adulto, seja trabalhando para garantir sua precária sobrevivência, seja estudando em aristocráticos colégios assuntos que pouco interessam ao seu desenvolvimento intelectual, mas simplesmente porque o mercado de trabalho assim exige.

capítulo 3

O professor que ensina, ou o aluno que aprende?

Crianças nada trazem do berço, não possuem habilidades inatas de raciocínio e nenhuma inclinação à aprendizagem: essas são noções constitutivas de uma concepção da infância defendida pelo filósofo empirista inglês John Locke (1632-1704), conforme Nicola (2005). Nessa interpretação da infância, a educação tem o papel de resgatar a criança de uma inevitável ignorância e perdição. A educação tem aqui uma importância incontornável, pois a criança é dependente de informações, orientações e vivências que lhe são impostas. Ela é o objeto desse aprendizado que se concretiza de fora para dentro, jamais sendo a protagonista do seu próprio aprendizado.

A esse entendimento de Locke contrapõe-se radicalmente o de Jean-Jacques Rousseau, que via justamente na fase infantil a preciosa oportunidade para o homem de resguardar sua índole naturalmente boa, de acordo com Onofre (2008). Rousseau enxergava perigo onde para Locke residia a salvação: a sociedade, com seus condicionamentos e ideias preestabelecidas. Mais próximo da maioria dos teóricos contemporâneos, Rousseau valorizava a infância como momento da vida que deveria merecer liberdade e plenitude.

Na concepção de Locke e de outros filósofos empiristas, o aluno é uma folha de papel em branco, a ser preenchida pelo professor. Essa ideia inspirou as escolas tradicionais e conservadoras, para as quais o eixo da educação está centrado no binômio professor-conteúdo. É a chamada pedagogia tradicional. Toda atenção é voltada para o ensinar, em detrimento do aprender. Ao aluno cabe apenas aceitar sem maiores considerações o que lhe é destinado. Nesse modelo educacional, a adequação do aluno aos valores sociais vigentes, sejam eles quais forem, é uma meta prioritária, bem como prioritários são também os enquadramentos comportamentais e disciplinares. O vídeo de 1979 do antológico *Another Brick in The Wall*, do célebre grupo de *rock* Pink Floyd, traça um duro retrato da conservadora educação tipicamente inglesa da época. A educação que humilha, que reprime, que massifica, que é indiferente às individualidades e subjetividades. Uma criança ousa criar, se atreve a produzir algo seu e é severamente punida pelo professor, que a ridiculariza na frente dos colegas. O menino-herói dessa ópera-*rock* é exemplarmente castigado. Crianças marcham, crianças obedecem, crianças são engolidas pela gigante máquina de moer gente em que se transforma a escola.

Já no final do século XIX, todavia, as concepções e práticas da chamada pedagogia tradicional mostravam-se cada vez mais desajustadas para o objeto social que pretendiam representar e executar: a educação. O professor reinava absoluto e intocável num processo educacional ainda carregado de dogmas, de memorizações entediantes e de artificialismos inúteis. Nas primeiras décadas do século XX, e para além dos muros da escola, dois sistemas socioeconômicos antagônicos ainda capengavam na tentativa de estabilização: o capitalismo e o socialismo. Sistemas opostos em suas concepções, mas que comungavam sobre a importância do trabalho na crença que ambos tinham do progresso. É nessa moldura histórica que a pedagogia tradicional é eleita inimiga comum de todas as vertentes. É nesse clima de crítica e rejeição ao velho modelo que surgem – sobretudo na Europa Ocidental e nos Estados Unidos – novas propostas que ficaram conhecidas como escola nova, pedagogia ativa, renovada ou progressista. Um pensamento inovador em boa medida, pois simultaneamente destronava o professor e nomeava um novo sujeito do processo de aprendizagem: o próprio aluno, também objeto dessa mesma aprendizagem. O professor assumia então um papel de acompanhamento e de estímulo à aprendizagem. A ideia de trabalho também é inserida na prática educacional, mas com um sentido específico de atividades infantis de natureza didática. Dewey, Montessori e Freinet são três grandes nomes desse novo pensamento.

John Dewey (1859-1952), filósofo norte-americano da corrente do pragmatismo, acreditava na escola como protagonista importante para o pujante momento de desenvolvimento dos Estados Unidos. Dewey chamava a atenção para a capacidade de pensar dos alunos e defendia uma educação centrada na experimentação, na estreita conexão entre teoria e prática. A mentalidade democrática deveria ser forjada na escola, com liberdade para o aluno e o compartilhamento de vivências.

A médica italiana Maria Montessori (1870-1952) centrava sua teoria na individualidade, atividade e liberdade. Defendia uma educação para a vida e considerava a vontade de aprender como inerente ao ser humano. Nada mais normal, portanto, que o aluno liderasse seu próprio caminho de aprendizado, impulsionado pela vontade própria, acompanhado e estimulado pelo professor. Entre outros aspectos, o método de Montessori tornou célebres materiais especialmente desenvolvidos para uso didático.

Já Célestin Freinet (1896-1966), nascido na França, desenvolveu um pensamento na educação com forte viés popular, mais compatível com sua visão marxista. Destacava a importância do trabalho (ou do "trabalho-jogo" que a criança realiza na escola) e da cooperação na atmosfera da escola. Atribuía ao professor

O professor que ensina, ou o aluno que aprende?

a tarefa de colaborar para o êxitos dos alunos, pois não enxergava valor didático no erro. Foi bastante criativo em suas propostas e técnicas, como a sugestão para a correspondência entre escolas, as aulas-passeio, os jornais de classe e a cooperativa escolar.

Os acertos dessa nova pedagogia são evidentes em relação à velha tradição do ensino, sobretudo quanto ao resgate do educando, ao reconhecimento de sua autonomia intelectual. Não parece haver dúvida que a nova escola é arejada, aberta, democrática e humana, quando comparada à claustrofobia do modelo tradicional. Como pode o aluno não ter participação ativa na formação do seu próprio conhecimento? Como pode o aluno ser impedido de tomar iniciativas orientadas pela sua própria curiosidade e desejo de conhecer? Mas a questão posta por Locke, que alertava para o perigo do jovem solto e livre, e por Rousseau, que denunciava a ameaça da sociedade preconceituosa, ainda foi enfrentada no século XX por outros três grandes pensadores da educação: o suíço Jean Piaget (1896-1980), o bielo-russo Lev Vygotsky (1896-1934) e o brasileiro Paulo Freire (1921-1997), pensadores que compõem a chamada corrente interacionista.

Negando Locke, estes últimos defendem que o conhecimento não é imposto ao aluno, não ocorre de fora para dentro ou não tem caráter exógeno. Afirmam também que o aluno não é *tabula rasa*, pois traz consigo estruturas mentais já formadas, práticas culturais e históricas, bem como percepções socialmente construídas. Rejeitando também o inatismo de René Descartes, Piaget, Vygotsky e Freire admitem que o ser humano traz consigo desde o nascimento inúmeras potencialidades, mas não o conhecimento propriamente dito, na completitude indicada pelo apriorismo cartesiano. Ao contrário, o ser humano é capaz de aprender continuamente e de evoluir no seu conhecimento, que por definição é sempre inacabado e aberto a novas assimilações. O conhecimento – assim como o processo de ensino e aprendizagem – seria então para eles uma decorrência das relações entre as pessoas, bem como entre o indivíduo e a realidade, como ressalta a professora Elenice Onofre (2008).

As abordagens construtivista de Piaget, histórico-cultural de Vygotsky e dialógica de Paulo Freire repudiam em conjunto os preceitos da educação tradicional, sua prepotência, seu autoritarismo e servilismo em relação a interesses alheios ao educando. Propõem essas três abordagens, em comparação ao modelo tradicional, novas e radicais transformações das situações em sala de aula, palco privilegiado do ensino e da aprendizagem. Mas simultaneamente apresentam, cada uma delas, particularidades e singularidades no trato dos elementos do ensino e aprendizagem. Na sala de aula, local por excelência do ensino e da aprendizagem, alunos e professores se revestem então de novos figurinos. Descendo do pedestal e se colocando horizontalmente em relação ao aluno, para Paulo Freire (2005) cabe ao professor o papel de instigar o educando a compreender criticamente a realidade social, política e econômica do seu entorno. É a chamada educação para a consciência, com a finalidade última de mudança dessa realidade e busca da emancipação. Para que essa criticidade efetivamente ocorra na educação, Freire destaca a importância de educador e educandos se reconhecerem como protagonistas da mesma situação, num diálogo entre pares. Já em Vygostky, o professor assume o papel de mediador que auxilia o aluno na apreensão do conhecimento. É pela intervenção proposital e planejada do professor que o processo de ensino e aprendizagem se desenvolve. Para Vygotsky, as relações interpessoais são centrais para a aprendizagem: a interação do aluno com o mundo se dá pela mediação de outras pessoas, conforme explica a professora Marta de Khol de Oliveira, em Castorina et al. (2005). O homem é um ser socialmente construído, com importantes implicações no seu funcionamento psicológico das suas especificidades sócio-históricas. É nessa moldura cultural e histórica que a aprendizagem se desenvolve. O construtivismo de Piaget, por seu lado, destaca a função de agente da construção coletiva do conhecimento que cabe ao professor, pautado pela cooperação e colaboração. Ao professor cabe estimular o aluno a contrapor o conhecer ao conhecido, problematizando e questionando. Mas deixa claro que quem elabora o conhecimento é o próprio aluno, partindo de seus interesses e conhecimentos prévios, que uma vez confrontados com novos questionamentos o farão refletir e a rever suas concepções.

Em que pesem as variações de cada abordagem, percebe-se, no entanto, que o cenário proposto para a sala de aula é mais humano e mais comprometido com o interesse do educando, sua liberdade e felicidade. O aluno é indiscutivelmente colocado no centro do sistema educacional. A sala de aula é redefinida como um espaço de respeito e de valorização das relações, e não de hierarquia, de dominação e subjugação. Uma ideia, mais uma vez, contrária ao conceito de educação pretensamente isenta da escola tradicional, que mal disfarçava a função de continuidade e reprodução das desigualdades sociais. Piaget, Vygotsky e Freire recusam a educação com um fim em si mesma, sem sentido e sem transformação.

Afinal, porém, o que é ensinar e aprender? Difícil e intrigante pergunta. O trabalho docente é, em larga medida, a busca incansável e ininterrupta da compreensão dessa questão, que comporta inúmeras respostas, múltiplos formatos e diversas possibilidades. Não há uma forma única de aprender e, por consequência, não há um modo exclusivo de ensinar. Aprende-se por diversas maneiras, inúmeras vias e percursos. O ensino deve então se desenvolver de forma consciente em relação a essa característica de multiplicidade do aprender. E compreender os caminhos da aprendizagem é a essência do próprio ensino.

O mito da criança e do jovem como seres passivos ante o conhecimento está amplamente denunciado e desmascarado, mas não totalmente superado na prática, uma vez que a tentação do autoritarismo na relação professor-aluno continua sempre presente. A autoridade democrática do professor exige mais trabalho, habilidade e senso de justiça. Exige diálogo, negociação e acordo. O autoritarismo, por seu lado, é menos trabalhoso, mais cômodo para o professor, pois dispensa até mesmo qualquer talento para o exercício docente, uma vez que jamais pode ser questionado. A escola autoritária não oferece voz e vez ao aluno, mal disfarça seu ódio pelo aluno, essa criatura que vem perturbar o sossego de professores e gestores escolares. Mas a criança, o adolescente e o jovem, em geral, sempre criam seu próprio espaço social, seu próprio arsenal de conhecimentos, suas próprias concepções, por mais condicionado, restrito e reprimido que seja pela escola e pelo professor. Queiram ou não os professores e as escolas, o jovem sempre é capaz de interpretar o mundo em que se insere. O aluno não é receptáculo inerte das ideias e mandamentos oriundos das escolas. Forma suas próprias opiniões e procura de algum modo satisfazer suas curiosidades, vontades e desejos. Na escola ou fora da escola. O que as correntes mais esclarecidas do pensamento pedagógico propõem é exatamente isso: aproximar o ensino desse espaço infantil e juvenil, socialmente contextualizado, fomentando o debate, a discussão e a troca de ideias.

Uma escola democrática não se confunde com um espaço de desordem e de ausência de autoridade, alegação típica dos defensores do modelo escolar conservador. Uma educação democrática é aquela que compreende que ensino e aprendizado são indissociáveis. Não há um sem o outro. Educador e educando são protagonistas de uma mesma situação, como define a professora Elenice Onofre (2008). O fosso que se cria entre o ensino e o interesse do aluno é fonte permanente de conflito, de desentendimento e de evasão escolar. Atrair o aluno para o conhecimento, para o desenvolvimento intelectual é bem mais difícil que obrigá-lo a aceitar uma série de conteúdos, mesmo sem compreendê-los. Mas se a primeira opção leva ao prazer de aprender, a segunda causa sofrimento e rejeição. A escola como local de obrigações e sacrifícios tem o desafio de se transformar em espaço de alegria e de realizações, para que o aprendizado ocorra de forma efetiva.

capítulo 4

Neutralidade e sacralização: a didática e o currículo

São inúmeras as fontes produtoras de mitos e falsas ideias que gravitam em torno da educação. Fontes internas e externas à escola. No âmbito escolar, todavia, dois elementos educacionais são especialmente suscetíveis a fantasias e crenças, bem como propensos a reproduzi-las: a didática e o currículo.

Tendo por objeto o "como ensinar", a didática tem como foco o ensino, ocorrendo precisamente no instante da instrução. Na escola, sua execução se dá especialmente na sala de aula, mas não apenas nela. A compreensão da didática como tratamento de temas relativos ao ensino é, historicamente, a mais difundida, ainda que não sem divergências, como lembra Oliveira (1998). Nessa concepção, a didática se vincula ao momento em que o professor apresenta os conteúdos com a intenção de ensinar. Comênio (1582-1670), educador da Europa Central, foi um precursor da didática com sua obra *Didática magna*, definindo-a como a arte de ensinar tudo a todos. Foi também tratada pelo alemão Johann Herbart (1776-1841), que construiu uma abordagem científica da pedagogia, com forte ênfase na questão metodológica. O movimento da Escola Nova, que nasce em oposição à velha escola tradicional, vem acrescentar novos ingredientes à didática, como a consideração dos interesses da criança, a valorização das atividades práticas na escola e a defesa de um ambiente de liberdade. Liderado pelo filósofo John Dewey nos Estados Unidos, o movimento, também chamado de escola ativa, renovada ou progressista, ocorre também na Europa por meio de nomes como Montessori, Claparède, Freinet e Decroly. O desafio de ensinar ganha então diversas tendências, paradigmas e referências, a partir de variados prismas científicos, como a psicopedagogia e a sociopedagogia.

Por se tratar talvez da parte externamente mais visível da ação educacional – tanto quanto o currículo –, a didática é muitas vezes entendida pelo senso comum como sinônimo de educação. No imaginário social, educar muitas vezes se resume a isso: ao professor que fala e ao aluno que ouve. Por que fala o professor? Porque sabe. Por que ouve o aluno? Porque não sabe. Desse modo, para ensinar e aprender basta que alguém fale sobre o que sabe e que alguém ouça sobre o que não sabe. Ora, se a questão é tão simples assim, muitas e igualmente simples são as soluções. Tudo se resume então a técnicas, ferramentas e instrumentos para a prática pedagógica. Novas tecnologias digitais são apresentadas como soluções mágicas e definitivas para a didática. O que é meio se torna fim: as tecnologias e ferramentas de apoio à didática são confundidas com a própria didática. Ou então, como diz um notório palpiteiro da educação em uma publicação da grande mídia brasileira: basta que o professor recorra a parábolas em suas explicações – a exemplo de Jesus Cristo – e toda a questão do ensino e do aprendizado estará resolvida. Nada mais é necessário, afirma ele. À mercê da magia tecnológica ou da anedota, a didática vai assim sendo reduzida e depreciada, a serviço de uma educação mediocrizada. A superação dessa superficialidade, da concepção meramente metodológica e instrumental é que vai ampliar os horizontes da didática, resgatando sua responsabilidade na formação de seres pensantes e críticos, comprometidos com a justiça social e com a democracia, como lembra Vera Maria Candau (1997).

Outro engano recorrente vinculado à didática reside na ideia de que, para ensinar, o professor precisa conhecer bem um determinado assunto. O conhecimento de um conteúdo específico, entretanto, ainda que imprescindível, não garante sequer uma docência mediana. É preciso, sobretudo, um conhecimento pedagógico desse mesmo conteúdo: saber transportar esse conhecimento para a dimensão compreensiva do aluno. Essa habilidade didático-pedagógica no trato dos conhecimentos, por sua vez, é fruto de um longo processo de aprendizagem do professor, que envolve uma variedade de saberes. Saberes oriundos da formação familiar, escolar, profissional e, sobretudo, da prática docente refletida e analisada, como lembra Maurice Tardif (2002).

Já o currículo escolar pode ser compreendido como um projeto que seleciona conteúdos de conhecimento e orientações que preencherão os programas disciplinares. Ou seja, um estrato do conhecimento acumulado pela humanidade é intencionalmente selecionado para compor o currículo de determinado programa escolar. Ainda que essa definição de currículo seja aceitável, Pedra (1997) lembra quão polissêmico o termo currículo pode ser, sem que isso se configure necessariamente em uma ambiguidade. O autor relata autores que o definem como um conjunto de resultados desejados, outros falam de conjunto de princípios e outros o definem como um meio de direcionamento da atividade intelectual do educando. De qualquer forma, o currículo é uma construção social, que abastece a escola de conteúdos e orientações, conforme Sacristán (2000). É preciso então sempre ter em mente em relação ao currículo e ao conteúdo escolar: alguém selecionou. Não caiu do céu. E ainda: o currículo formal pode sofrer significativas alterações na sua aplicação, dependendo de quem o aplica, de quem o leva até o aluno pela via da didática. Entre o currículo formal e o currículo praticado, uma longa distância pode haver, em virtude da interferência dos diversos atores envolvidos, tais como gestores, professores e alunos. Como produção humana, o currículo deve ser vivo, mutante e não estático. E mais: o currículo deve ser sempre, invariavelmente, contextualizado pelo ambiente social da escola, como explicam as professoras Patrícia Maria Fragelli e Luciana Cristina Cardoso (2009). Textos e livros escolares elaborados a partir de situações sociais distintas se tornam sem sentido para o estudante, pois o que estuda não tem relação com a sua realidade. Desse modo, tanto quanto a didática, o currículo é, com frequência, associado a falsas ideias como a de que está sempre pronto e acabado, ele é como é, não pode ser mexido, alterado ou criticado. Uma espécie de santo de altar, sagrado e intocável.

Acerca do currículo e da didática, uma poderosa crença difundida, até nos meios de comunicação de massa, é o conceito da educação desprovida de ideologia. É o mito de que bons livros e bons professores são completamente isentos de qualquer tendência. Uma educação supostamente neutra, isenta e imune a qualquer dominação ideológica. O que é ideologia? Em uma definição mais geral, é um sistema de ideias ou o conjunto de crenças culturais, filosóficas, econômicas e políticas de um indivíduo ou de um grupo social. Poderia então existir um ser humano, ser pensante que é, sem ideologia? A resposta parece óbvia demais. Mas como em tudo se pode acreditar, acreditam muitos que é possível um professor ensinar sem nenhuma tendência de pensamento, de opinião sobre o mundo ou de preferências pessoais. Acredita-se aí na possibilidade de um ser – exatamente o professor – desprovido de desejos, de interpretações e de ideias previamente concebidas sobre a realidade que o cerca. Acredita-se, em resumo, na possibilidade de um professor que não seja humano. Ou de um autor de livro que não seja humano. Em geral, a ilusão da neutralidade ocorre ao se deparar com pensamentos e concepções com as quais concorda. Já a sensação de tendência ideológica da educação ocorre na situação contrária, ou seja, quando se defronta com explicações com as quais se discorda. Assim, defensores ardentes do modelo econômico vigente, por exemplo, qualificam de ideológica a educação que põe em questão tal sistema. E vice-versa: simpatizantes de uma reformulação do sistema econômico acusam de tendenciosa a escola que não põe em xeque o modelo vigente. Educação tendenciosa e ideológica para alguém é, em suma, toda aquela que agride o seu sistema de ideias. Mas a questão central é: se todas as pessoas, autores de livros e professores incluídos, são tendenciosas e carregam consigo um sistema de ideias acerca da realidade, como resolver esse impasse? Como construir uma educação que, consciente das tendências inerentes ao ser humano, possa realizar um esforço de isenção?

"Ó homem, conhece-te a ti mesmo e conhecerás os deuses e o universo", já dizia a inscrição no oráculo de Delfos, na Grécia antiga. A verdade está mais no olhar do que no objeto olhado, variando de observador para observador. Não há como conhecer o mundo sem conhecer a si próprio. René Descartes acrescentava, conforme Chauí (2004): o caminho para o conhecimento exige o exercício da dúvida sistemática sobre o que se conhece. O homem não capta a realidade, mas apenas a interpreta. O homem não atinge a verdade, mas a verdade é o caminho: deve ser perseguida mesmo quando não se vê utilidade imediata nela, pois sendo mediata, pode se fazer necessária quando menos se espera, como diz Schopenhauer (2005). A própria ciência de base iluminista alicerça nessa crença a sua pretensão de racionalidade: colocar em dúvida o que quer que seja, criticar e buscar provas do que se afirma. Mas essa racionalidade pregada pelo iluminismo, como se sabe, falhou ao se tornar prisioneira da mesma concepção que rejeitava: rotulando de pura verdade – verdade com ares de divindade – tudo o que era feito em nome da ciência e do progresso. A mesma ciência que criou armas de destruição em massa e que gera benefícios tecnológicos para uma ínfima parte da humanidade, como lembra Bauman (1999). Ou seja, uma ciência claramente tendenciosa. O homem neutro, isento e racional não é um homem, é um deus.

A escola que mordeu a isca, isto é, que se acredita neutra, é a escola que desfia verdades a seus alunos. Nessa escola, o aluno não é ensinado a perceber que toda concepção humana comporta, pelo menos, duas interpretações. Sendo assim, a didática e o currículo se transformam em fontes da verdade, em palavra sagrada, onde não há oposições e nem antagonismos. A realidade é assim: para tudo há uma única e definitiva resposta. Essa escola não faz seu aluno compreender que a educação também é um ato político e que não há nas relações humanas uma posição apolítica. Esse aluno não é convidado a pensar, a criticar e a analisar o que vê, lê e ouve. A formular sua própria opinião sobre as coisas. Ao contrário, é recomendado a aceitar tudo sem questionamentos. E sem questionar nada ele irá pela vida afora, como um ser aprisionado por ideias cristalizadas e concepções imutáveis. O sofrimento será grande, pois sua cabeça cheia de verdades será cotidianamente bombardeada por outras concepções e pontos de vista sobre a realidade. Uma pessoa que nega a alteridade, as diferenças de opinião e a diversidade de modos de encarar a vida.

Já a escola ciente dos perigos e armadilhas que habitam a mente humana, como diz o filósofo Edgar Morin (2000), percorrerá um caminho educacional diferente. Fará ver ao aluno, por meio da didática e do currículo, que é preciso se posicionar diante do mundo. Que é preciso assumir seu próprio destino. Que todo o arsenal de conhecimento humano apresenta falhas, ideias discordantes e opiniões contrárias. Que em se tratando de conhecer, nada é definitivo, tudo é provisório. É aprendendo a enxergar o contraponto das ideias que o aluno desenvolverá seu próprio e único raciocínio, sua forma singular e criativa de produzir novos conhecimentos. Essa é a escola crítica, que não nega as tendências ideológicas e nem as parcialidades humanas. Ao contrário, procura evidenciá-las. Procura fazer o aluno compreender que sempre há outros pontos de vista a serem respeitados e considerados. Compreender a superar suas próprias barreiras ideológicas e assim tornar-se um ser maleável, arejado, aberto a novas ideias e pronto para enfrentar as inúmeras mudanças que a realidade provoca ao longo da vida.

Não há, portanto, educação ou escola neutra. Nem didática e nem currículo que não tragam consigo tendências e preferências diversas. Ambos abarcam representações sociais, hábitos, costumes e práticas que não podem ser percebidos como autônomos e independentes, como definem Berger e Luckmann (2003). Não há discurso ou texto humano que não esconda em suas entrelinhas os desejos e vontades do seu autor. Em larga escala, mas não totalmente, esse mal pode ser ultrapassado pelo raciocínio que se esforça para ser crítico, que é ciente da complexidade que a realidade apresenta, como um enorme desafio para as potencialidades e limitações humanas. Quem não é crítico cede ao outro o seu direito de pensar. A educação que não é crítica produz e reproduz seres que delegam para mídia, governo, empresas e pessoas diversas a sua possibilidade de pensar e de compreender por si próprio o que se passa na realidade, de tomar decisões e de construir seu próprio projeto de vida.

capítulo 5

As provas, as avaliações e o fracasso escolar

Estereótipos e falsas concepções também definem o aluno no âmbito da escola e pela própria escola, sendo a prova ou avaliação um mecanismo privilegiado de julgamento tendencioso de quem ali está para aprender. Um mecanismo que rotula, que enquadra e que classifica preconceituosamente os jovens. Com frequência, de forma superficial, quando não irresponsável, o sistema de avaliação predominante nas escolas massificadas é mais um santo do altar da educação. Não se pode criticar a avaliação e nem o avaliador. Só o avaliado é que fica sujeito a todo tipo de considerações, objeções e até insultos, no caso extremo. A nota lá está como uma guilhotina sobre a cabeça do aluno: advertindo e ameaçando sobre o que pode lhe acontecer, como lembra o professor e sociólogo suíço Philippe Perrenoud (1999). O modelo de ensino massificado, que tem sua origem na Europa da Revolução Industrial, exterminou a possibilidade do acompanhamento individualizado do aprendizado. O estudante virou um número na multidão, sem direito a opinião e sem poder expressar suas potencialidades individuais. Provas e avaliações em escala causam danos muitas vezes irreparáveis aos jovens estudantes. Os que são taxados de maus alunos sofrem estragos psicológicos às vezes profundos, porque não conseguem compreender a avaliação desse tipo como uma simples e irrelevante opinião de um obscuro avaliador. Mas os que tiram notas boas, os chamados bons alunos, também sofrem consequências, pois, igualmente sem compreender o significado da avaliação, incorrem no risco da ilusão de se perceberem melhores do que os outros. E a vida vai lhes provar, às vezes de forma dura e amarga, que não são. Na fase adulta, muitos se espantam com o fato de que os antigos maus alunos se revelam pessoas geniais e profissionais brilhantes. E muitos dos bons alunos se tornam adultos infelizes e, às vezes, péssimos profissionais. Isso não deveria ser motivo de espanto. Um olhar mais atento ao sistema de avaliação predominante, do tipo pontual, marcado por provas esporádicas e sem nenhuma atenção às diferenças dos alunos, leva rapidamente à compreensão de que as classificações escolares desse modelo pouco significam.

A avaliação é o maior tormento do aluno da escola tradicional. No ambiente educacional conservador, largamente predominante em países como o Brasil, a ansiedade e o pavor dos alunos não são sem motivo: é pelo instrumento da avaliação que o autoritarismo atinge seu ápice e constrói justificativas para sua própria continuidade. É o modelo de avaliação preconceituosa, unilateral, impositiva e cerceadora das liberdades intelectuais. É a avaliação que classifica e que separa os vagabundos dos estudiosos, os inteligentes dos burros, os bons dos maus. É também essa mesma avaliação que sufoca os talentos, que impede as ricas e inovadoras expressões individuais. Nesse velho e militarizado modelo escolar, as genialidades não são bem-vindas, assim como não é bem-visto o inesgotável potencial de criação do ser humano. A obediência é mais valorizada do que a criação. Afinal, trata-se de um modelo que apenas reproduz velhos dogmas, sem questionamentos e críticas. Provas e avaliações tradicionais se constituem, desse modo, em ricas fontes de preconceitos e falsidades sobre o significado do aprendizado.

O mau aluno, além do estigma que lhe imputam, é levado à repetência do ano escolar. Repetindo o ano, nenhum dos fatores que levaram ao seu fracasso é alterado. E lá vem o mesmo velho professor com suas provas, munido do objetivo de verificar se os alunos são capazes de dizer o que ele mandou dizer. A repetência escolar, desse modo, é apenas mais do mesmo, sem nenhuma preocupação de constatar os verdadeiros motivos do fracasso do aprendizado. Um procedimento inútil, pois o aluno continuará a ser mau aluno, como diz Perrenoud (2004). Mais eficaz que a repetência, diz ele, seria um tratamento diferenciado no decorrer no ano letivo, uma espécie de discriminação positiva que considerasse as diferenças individuais, os variados ritmos e cadências presentes na sala de aula. O fracasso escolar pode significar então a dificuldade da escola em reconhecer e lidar com a heterogeneidade do público de estudantes, como esclarece a professora Cristina Pátaro (2009). A cínica concepção de que todos devem ser iguais no desenvolvimento do aprendizado nada mais é do que uma negação das diferenças. A negação das diferenças individuais de tempo e de ritmo no aprendizado se constitui um real obstáculo ao desenvolvimento do aluno, conforme Jean-Luc Chabanne (2003).

Avaliar é necessário. Mas se o que se pretende avaliar é o ensino e a aprendizagem, o desempenho do aluno deve ser apresentado invariavelmente em relação ao desempenho do professor. Os principais protagonistas – professor e aluno – devem, portanto, ser simultaneamente avaliados e avaliadores. O que não encerra a questão, pois diversos outros fatores interferem ainda no desempenho escolar objeto de avaliação, como o processo pedagógico, a sociabilidade da classe de alunos e até mesmo inúmeros e importantes fatores externos à própria escola. O olhar avaliativo deve então ser pautado pela cautela e pela análise circunstancial. Mais do que dados quantitativos, a avaliação deve apresentar, sobretudo, as dimensões qualitativas, como as atitudes, os esforços, os interesses e as motivações.

A própria legislação educacional brasileira, em especial a Lei de Diretrizes e Bases da Educação (n. 9.394/96) e os Parâmetros Curriculares Nacionais (BRASIL, MEC, 1998), ambas influenciadas também pelo pensamento de Perrenoud, já citado, apontam ainda para outras relevantes qualificações que devem marcar esse processo, como o caráter sistemático e contínuo da avaliação, em oposição ao modelo de provas pontuais ao final de cada etapa de trabalho educacional. Alertam também essas normas legais que a avaliação deve se constituir em uma oportunidade de reflexão docente, levando à revisão e ao aperfeiçoamento dos processos pedagógicos, ao contrário da concepção antiga, onde as deficiências de aprendizado eram atribuídas exclusivamente ao aluno. Ou seja, é no momento da avaliação, ampla, isenta e contínua, que a escola se renova e se aprimora. Sobre a questão das métricas do ensino e do aprendizado, deve haver sim uma tríplice responsabilidade entre a instituição escolar, o docente e o discente. Avaliação que não recai sobre o conjunto desses elementos é avaliação parcial, tendenciosa e incompatível com os paradigmas emergentes educacionais.

Sobre a questão do fracasso escolar, a professora Anna Baeta (2003) ressalta que as condições de aprendizagem decorrem também em razão das práticas pedagógicas que lhe são oferecidas, e não apenas das características físicas, sociais, econômicas e culturais do alunado. Explicações mitológicas sobre os fenômenos educacionais – tal como o do aluno carente que não aprende – reconfortam e eximem de responsabilidades os gestores e professores. É preciso reconhecer que o conhecimento científico já oferece claras explicações sobre fatos como a evasão e a repetência, ícones do fracasso escolar. Os fatores escolares – pedagógicos e institucionais – exercem um considerável peso na produção do fracasso do aprendizado. Em outras palavras, o fracasso é um produto da escola, do professor e do aluno. E não apenas deste último. Ou seja, o aluno não é o único autor do seu fracasso, assim como também não é o único responsável pelo sucesso da sua aprendizagem. A instituição escolar, o professor e o aluno são indissociáveis no processo educacional.

Sem negar a gravidade e a importância das condições para a docência, como o preparo e a motivação dos professores, atribuir sistematicamente à carência econômica do aluno, aos problemas psicológicos ou sociais a causa de seu fracasso é simplificar a questão e isentar a escola da responsabilidade pelo que produz. Para um melhor enfrentamento desse mal, a escola precisa revisar velhos conceitos e preconceitos, como a questão do erro. O erro na escola desqualifica o aluno, sendo considerado de sua inteira responsabilidade. Já o erro numa concepção construtiva, como defende a professora Baeta, é a base do diagnóstico do processo de ensino e aprendizagem. Sua ocorrência deveria motivar uma profunda reflexão sobre a escola, a docência e a discência. A ignorância do aluno, por sua vez, não é inata e nem insuperável. Seu erro é, portanto, uma preciosa lição para a própria escola, uma oportunidade de reflexão e um alerta sobre problemas que certamente persistem em seu processo de ensino-aprendizagem. Mas se o erro é de grande importância para o aprendizado, o medo de errar, que tem como origem as ameaças da escola, é altamente pernicioso ao aluno, como dizem Giordan & Saltet (2007). O pavor de errar, em virtude das consequências punitivas, é fonte de fracasso escolar.

Repetência, evasão, dificuldade de aprendizagem, baixo rendimento, desinteresse e desconcentração: eis algumas – mas não todas – das questões que gravitam em torno do fracasso escolar. Como afirmado anteriormente, a causa do fracasso escolar é via de regra atribuída ao próprio aluno. Desse modo, gestores e professores são inocentados, a ação educacional e a própria instituição escolar não são investigados e nem questionados. Confortável para todos. Menos, é claro, para quem vai mal na escola. Uma prática recorrente nos dias atuais é, uma vez constatado o fracasso, encaminhar o aluno ao psicólogo, transferindo a responsabilidade do âmbito pedagógico para alguma outra instância alheia à escola, como os psicólogos. O apoio psicológico, sem dúvida alguma, oferece grande contribuição, mas os problemas de ensino-aprendizagem são, na essência, de outra natureza, pois envolvem outros atores. Assim, a percepção socialmente difundida de que quem vai mal na escola é por que se encontra com problemas pessoais deixa subentender que a escola jamais é problemática. Para alívio de professores e responsáveis pela educação. Solução fácil: basta culpabilizar a vítima. O contrário, no entanto, em geral ocorre quando o aluno vai bem. A escola sempre deseja compartilhar a responsabilidade pelo sucesso. Uma outra reação bastante comum por parte de professores e gestores escolares é a de negar a existência de qualquer problema, por maiores que sejam as evidências. Situações conflituosas na prática escolar – origens típicas de fracassos escolares – são camufladas e disfarçadas, negadas com veemência junto ao aluno, aos pais e à comunidade. É a negação da falência da ação educacional, por motivo de incompetência de professores e gestores.

Quando se fracassa na escola, se fracassa em relação a um determinado modelo escolar, mas não em relação a qualquer modelo escolar. E, menos ainda, em relação a outras questões da vida em geral. Pessoas habilidosas e bem-sucedidas também se incluem no rol dos fracassados escolares e até mesmo na categoria de evadidos. Assim como bons alunos podem também se mostrar mais tarde como pessoas inseguras e despreparadas para a vida. Pela óptica da avaliação escolar, esses bons alunos aprenderam. Mas a vida mostrou que eles não compreenderam, pois estudaram somente para passar por avaliações e provas; não estudaram para se desenvolver intelectualmente, para conhecer e para refletir. A responsabilidade é da escola que distorceu a verdadeira função educacional da avaliação.

A avaliação serve para medir o aprendizado, para estabelecer um valor ao que foi aprendido pelo aluno. Uma vez vinculada ao cerne da educação, ocorrendo

As provas, as avaliações e o fracasso escolar

continuamente e por meio de múltiplas manifestações, as serventias da avaliação espraiam-se por toda a escola. Serve ao processo pedagógico, que poderá ser criticado, discutido, redimensionado e redirecionado. Ao professor, como oportunidade de reflexão sobre suas teorias e práticas, sobre as mudanças cabíveis e aprimoramentos necessários. Ao próprio aluno, como um momento de meditação sobre si próprio no contexto da aprendizagem, suas dificuldades, seus sucessos, seus desejos e interesses. A avaliação é um importante momento de expressão do aluno. Em suma, a avaliação dever servir, sobretudo, ao próprio aprendizado, oferecendo como principal consequência uma mudança de hábitos. Mas isso só é possível por meio do debate, da discussão e da reflexão. Em última instância, a avaliação deve atrelar-se diretamente aos objetivos maiores da educação, como a promoção do sujeito, da cidadania e da emancipação. Mais do que ensinar a se adaptar à realidade, a educação deve habilitar o aluno para nela intervir, como diz Pedro Demo (2007).

capítulo 6

Preconceito: a verdade de quem olha e a verdade de quem é olhado

A educação é a salvação do país, é a solução definitiva para os problemas nacionais, bradam políticos, profissionais, empresários e colunistas da grande imprensa brasileira. Educado, para alguns, é aquele que vai transformar o país. Mas para outros, e não são poucos, educado equivale a comportado, o que quer dizer gente seguidora das regras sociais, sem questionamento nem transgressão. É a escola no papel de instrumento de moralização, uma ideia antiga, mas ainda não totalmente erradicada. Basta colocar todo mundo na escola e tudo estará resolvido, acreditam os defensores desse pensamento que compreende a educação como tábua de salvação do país. Infelizmente o desenvolvimento de um país vai além da educação e não depende só dela. Menos ainda de uma educação que se preste unicamente à finalidade de disciplinar as grandes massas populares. Uma educação que não altera a relação de forças na sociedade, que não transforma, mas que apenas enquadra, é uma educação que aportará males ainda maiores ao país ao produzir indivíduos autômatos, desprovidos de consciência e vontade própria. Os países totalitários do antigo bloco soviético também se serviram da educação para o propósito de amansar o povo, de torná-lo dócil e submisso às tiranias que os governavam. Uma educação, em suma, que apenas reproduz e reforça as desigualdades sociais, como denuncia o sociólogo francês Pierre Bourdieu (2002), é uma educação de cunho totalitário. Nas marchas e contramarchas da história brasileira, entretanto, houve momentos em que o país cruzou com possibilidades mais progressistas para a educação. É o caso do "Manifesto dos Pioneiros", de 1932, documento de inspiração escolanovista redigido por Fernando Azevedo em nome de 25 intelectuais, gente da envergadura de Anísio Teixeira, Lourenço Filho e Paschoal Lemme. Mas essa e outras oportunidades de guinada na trajetória da educação nacional não se efetivaram. É verdade que mais recentemente, a partir da década de 1990, importantes instrumentos legais foram criados. Mas enquanto não surtem efeitos mais práticos sobre a realidade escolar do país, o que se percebe é que o modelo tradicional e histórico ainda não foi alterado.

Lamentavelmente, a educação diferenciada por origem social dos educandos é ainda muito viva e presente no Brasil de hoje. A escola brasileira é um espelho fiel do país, detentor de uma das piores distribuições de renda do mundo. E pior: a escola tem historicamente um papel relevante na manutenção desse estado das coisas. No Brasil é assim: querem acabar com a desigualdade, mas não com o sistema social, econômico e político que a produz. Atacar os resultados, mantendo as causas intocáveis, é a tentativa de mudar sem mexer em nada. Melhorar a vida dos brasileiros sem tocar nos privilégios dos poderosos, no interesse da minoria que governa, eis o grande sonho dourado das elites brasileiras. Nesse quesito, a educação brasileira foi, historicamente, de grande eficácia na discriminação das pessoas socialmente subordinadas, tais como mulheres, pobres, negros, indígenas, idosos, portadores de deficiência e homossexuais. O preconceito ditou historicamente o critério de seleção sobre quem ia para a escola e para qual tipo de escola. Pesquisa sobre o preconceito na escola, realizada recentemente no Brasil, conforme Iwasso & Mazzitelli (2009), pelo professor José Afonso Mazzon, da Universidade de São Paulo e a pedido do Ministério da Educação do Brasil, mostra quão vigoroso se encontra o preconceito no ambiente escolar. Foram pesquisadas 501 escolas com 18.599 estudantes, professores, pais de alunos e funcionários da rede pública de todos os estados do país. A conclusão é aterrorizadora: 80% dessas pessoas gostariam de manter distância de portadores de necessidades especiais, homossexuais, pobres e negros. Portadores de necessidades especiais e negros são os mais discriminados, aponta a pesquisa. Nada menos que 96,5% têm preconceito em relação a pessoas portadoras de deficiência e 94,5% rejeitam pessoas negras.

A verdade socialmente construída e difundida está mais para o olhar do que para o objeto olhado. O homem se autointerpreta: a pessoa branca e a pessoa negra não são apenas pessoas com diferentes colorações de peles. No imaginário social, o tipo físico da pele e o cabelo – mais do que fenômenos naturais – são também critérios que separam, classificam e ordenam as diferenças para fins de hierarquização. O que é de extrema conveniência para o objetivo de dominação e subordinação, até mesmo na instituição escolar, mediante seus inúmeros processos de moldagem. Aí também as pessoas, crianças muitas vezes, são enquadradas e rotuladas pela engrenagem do sistema educacional.

"Falam de mim? Ah, se me conhecessem como eu me conheço!" (Epicteto, século II d.C.). O que falam do negro nada tem a ver com sua cor de pele. O que falam do negro tem a ver com o desejo de submeter as pessoas umas às outras, de resguardar os privilégios de poucos em detrimento da vida de muitos. O preconceito é um eficiente instrumento de dominação, pois no senso comum adquire ares de verdade. Como um poderoso inimigo entrincheirado nas mentalidades, o preconceito é especialmente cruel também com o preconceituoso, pois o submete a uma vida que não se vive, a uma vida limitada e restringida pela sua mente estreita. O preconceituoso leva uma vida de ódio, de rancor e de raiva. No Brasil, o mito da democracia racial, falácia lançada pelo sociólogo Gilberto Freire, como lembram Silvério & Moya (2009), durante décadas turvou a visão de uma gritante realidade. Uma falsa ideia amplamente difundida pelas escolas. As pesquisas sociais do país mostram o óbvio, o que está diante de todos no cotidiano do país: a situação subalterna dos negros e índios na sociedade brasileira. Os negros, por exemplo, são os mais desempregados e são empregados de pior maneira. Nenhum outro recorte social espelha com tanta nitidez a injustiça social no Brasil. O homem negro é o retrato mais perfeito, desde o tempo da escravidão, do egoísmo e da violência social do país. É o diferente mais diferente, menos pela cor da pele, mas infinitamente mais pelas diferenças socialmente criadas.

Outra vítima histórica e atual do preconceito na educação brasileira é a pessoa portadora de necessidades especiais. Necessidades educacionais especiais que se constituem em um atributo do aluno. São deficiências em caráter permanente ou de longo prazo, de natureza física, mental, intelectual ou sensorial. Deficiências que, de algum modo, impedem ou restringem a participação plena do aluno na escola e no ambiente social. Ou ainda, conforme explicitado na legislação educacional brasileira, devem ser considerados alunos com necessidades educacionais especiais aqueles que apresentarem dificuldades acentuadas de aprendizagem ou limitações no processo de desenvolvimento (vinculadas a causas orgânicas específicas ou não), dificuldades de comunicação e altas habilidades ou superdotação. A inclusão de educandos com esses atributos, especialmente crianças, na rede regular de ensino, gratuita e de qualidade, se inspira nas concepções mais abrangentes de direitos humanos e cidadania, às quais devem se submeter todos os seres humanos, sem distinção ou discriminação de qualquer natureza.

Educação especial é uma modalidade de educação caracterizada pelo atendimento educacional especializado aos alunos que apresentam essas necessidades especiais. Contrariamente ao entendimento tradicional anacrônico da educação especial, a concepção agora definida prevê ênfase na dimensão pedagógica e não na deficiência. Desse modo, a educação especial se define por uma proposta pedagógica que garanta recursos e serviços educacionais que possam promover o desenvolvimento dos alunos que apresentem necessidades educacionais especiais, em todas as etapas e níveis de ensino, conforme a professora Enicéia Gonçalves Mendes (2009). Para assegurar a inclusão desses alunos, a proposta pedagógica deve, portanto, apresentar suficiente flexibilidade e até mesmo prever substituição de serviços educacionais comuns quando necessário.

Partindo dessas concepções de necessidades educacionais especiais e educação especial, a igualdade e a diferença tornam-se indissociáveis. Resta, então, o duplo reconhecimento: da diversidade possível na conformação humana e da igualdade indiscutível da humanidade presente em cada um, sem nenhuma exceção. Na essência, no que realmente conta, todos os seres humanos são rigorosamente iguais. Mas a ruptura com as visões estereotipadas e preconceituosas acerca do portador de necessidades educacionais especiais ainda não foi totalmente realizada, tanto em relação às antigas concepções que menosprezavam e rejeitavam abertamente o portador de deficiências quanto em relação ao entendimento em que ele se fazia merecedor de caridade e filantropia. Em ambos os casos o portador de deficiências é relegado a uma categoria sub-humana. O que se vê agora, com a preciosa contribuição científica para o esclarecimento do tema, com o razoável aparato legal nacional e com a adesão do Brasil a documentos internacionais como a Declaração de Salamanca (Unesco, 2004), conforme Mendes (2009), é finalmente o resgate do portador de deficiências como um sujeito de direitos. Uma possibilidade de justiça, tardia, é verdade, ainda em construção, mas que caminha no sentido de tornar realidade o sonho da equidade e da igualdade social.

No Brasil da virada do século XX para o XXI não se pode deixar de registrar que a inclusão escolar avançou bastante. O índice de crianças na escola bateu recordes históricos. Mas trata-se apenas de um avanço quantitativo, ainda não concluído, pois uma parcela significativa da juventude do país ainda se encontra fora da escola ou evadida dela. A longa caminhada em busca da universalização da qualidade, por sua vez, apenas ensaiou uns poucos e tímidos passos. O modelo vigente ainda é o que historicamente prevaleceu: escola boa para ricos e escola ruim para pobres. Ou seja, existem os excluídos e os perversamente incluídos do sistema escolar. E os que compreendem as questões sociais como fatalidades inevitáveis enxergam com naturalidade tal situação. Acreditam até que as pessoas pobres do país já se beneficiam de um grande avanço, pois estão na escola, seja ela qual for. O mito do homem bem nascido, tal como nos tempos do absolutismo, continua forte nas mentalidades. Escolas miseráveis, sujas, desprovidas de condições materiais mínimas, com professores despreparados e mal remunerados é o quadro ainda típico da situação escolar do país. Essa espécie de lixo educacional, em larga escala espalhado pelo país, contribui fortemente para a criação social de inúmeros outros preconceitos em relação à própria educação. Afinal, que importância pode ter uma ação social – a educação – cuja apresentação é tão decadente e deteriorada?

Mais recentemente, depois de décadas de descalabro no sistema educacional, a ânsia para encontrar culpados pela situação elegeu o professor como responsável maior pelo que se vê nas escolas brasileiras. O professor como culpado é uma falsa ideia de alta conveniência política, dos que não têm nenhum interesse em destinar recursos à educação. Assim, mal remunerado, mal formado e exercendo sua profissão em condições humilhantes, o professor brasileiro é taxado pelos veículos de imprensa conservadora do país como um sujeito que não cumpre o seu papel por simples má vontade. Quisesse o professor resolver a questão da educação, tudo se resolveria. A maior rede de televisão do Brasil relatou há alguns anos, em rede nacional e horário nobre, a história – narrada em tom comovente – de uma escola na Amazônia brasileira. As crianças caminhavam por duas horas para chegar à escola todos os dias. A escola, se é que assim pode ser chamada, nada mais era do que uma simples cabana construída de madeira e folhagens de árvores. O professor, que não era remunerado e nem tinha formação em educação, se orientava por um tipo de método intuitivo de ensino, em virtude da total ausência de qualquer programa, orientação ou material didático. Assim, diante da cena das crianças sentadas no chão do que seria uma sala de aula, a reportagem desfiava elogios à boa vontade do professor. Nessa concepção, nada é preciso para que a educação ocorra. Professor não precisa de salário e nem de formação. As crianças podem fazer uma sacrificada e brutal caminhada diária. A escola não precisa de recursos de nenhuma natureza. Com isso, a reportagem pretendia apresentar provas de que a educação não precisa de nada para acontecer. Desse modo, a corrupta política brasileira fica mais à vontade para dar outro destino aos elevados recursos financeiros da educação.

capítulo 7

A prática docente: não há ensinar sem aprender

Ensinar e aprender são inseparáveis. O professor do velho figurino da docência verbalista, unilateral e prepotente é um professor que perde a capacidade de ensinar, justamente porque não está aberto a aprender. Nesse modelo, ensino e aprendizado são totalmente dissociados, a educação não é viva e nem mutante. Ao contrário, é estática, dogmática e o professor imobilizado nas suas certezas, não se movendo e não se desenvolvendo. O desenvolvimento profissional do professor ocorre em um complexo processo de aprender, conhecer, refletir, vivenciar, praticar, transpor, representar e simbolizar. Processo que se retroalimenta continuamente. Um constante observar, ouvir, criticar, compreender e transformar. Uma luta diária contra os perigos que invadem a mente, na forma de uma educação engessada por ideias condicionadoras e dogmatizantes.

Não há fazer docente desacompanhado do pensar, do compromisso com os aprendizes e suas especificidades, da busca do sentido e da razão da educação. É a ideia do professor reflexivo, que é um pesquisador da própria prática, simultaneamente sujeito e objeto da atividade de ensinar. A ação docente implica uma racionalidade dialógica, interativa e reflexiva, em um processo de formação profissional continuado, jamais concluído, como explica a professora Isabel Alarcão (2001). Esse conceito de prática profissional reflexiva também foi detalhadamente analisado pelo professor norte-americano Donald A. Schön (1982). Nessa concepção, a dinâmica ensino-aprendizagem é ainda a marca relevante do conhecimento necessário ao professor, um saber em permanente construção, seja na dimensão do conteúdo específico e didático, seja da compreensão pedagógica do conteúdo. Reflexivo, pesquisador e conhecedor, para se lançar na prática escolar o professor precisa ainda interpretar os materiais de instrução, verificando sua consistência, adequação e propósito. Precisa também estabelecer exemplos, aplicações e demonstrações. Ou seja, criar a representação que abre caminhos para a compreensão do aluno. Interpretados e representados, os conteúdos carecem ainda de adaptação às peculiaridades do contexto em que a prática ocorrerá, do perfil geral dos alunos. Sem descartar a possibilidade de um ajuste fino de adaptação para as particularidades de um aluno ou de casos específicos. É no instante da instrução que o professor pratica o que foi planejado e articula o que foi estudado. É na múltipla interação da sala de aula que teoria e prática subsidiam-se mutuamente.

A docência é, portanto, uma atividade de alta complexidade, com múltiplas e variadas fontes que formam a sua competência. O professor aprende ensinando, refletindo, experimentando, interagindo com pares, com as influências sociais, com as políticas públicas, com a própria instituição da escola e seus cursos formais. Ensinar é um constante aprender, um eterno mudar. A experiência pela experiência tem pouco significado. Há professores com longa experiência em sala de aula, mas uma experiência pobre, dominada pela rotina da repetição entediante e estéril. A experiência só se enriquece com a reflexão sobre o ocorrido. É daí que nasce o aprendizado com a prática. Em suma, a atividade docente vai além do ensinar, pois implica também aprender com o próprio ensino.

Se para ser professor apenas ensinar não é suficiente, para ser professor apenas conhecer também não basta. Mesmo que detenha um saber específico, que domine a didática e o conhecimento pedagógico do conteúdo, o professor ainda terá diante de si o enorme desafio de uma prática complexa. O que significa que, para além das bases de conhecimentos indispensáveis à docência, uma variedade de processos abrange o fazer educativo. Citando o modelo de raciocínio pedagógico de L. S. Shulman, que envolve o processo de ensino e aprendizagem, Mizukami (2004) relaciona seis processos: compreensão, transformação, instrução, reflexão e nova compreensão. Ou seja, a docência viva é necessariamente mutante, no sentido da aquisição contínua de novas compreensões extraídas da própria prática. É exatamente nisso que consiste o percurso do raciocínio pedagógico: o procedimento intelectual de transportar – contínua e criticamente – todo o conjunto de conhecimentos para a dimensão compreensiva do aluno, refletindo sobre o realizado e concluindo sobre nossas possibilidades de fazer docente.

Assim sendo, o raciocínio pedagógico parte do pressuposto de que o professor, mais do que conhecer o seu assunto, o conhece especialmente a partir de inúmeros prismas, abordagens, exemplos, modelos, metáforas, práticas e teorias. E intimamente relacionado ao conhecimento está a prática pedagógica, que dinamicamente altera e amplia o saber docente. Lembrando ainda que a multiplicidade de pontos de vista, compreendida pelo professor, estará sempre atenta, aberta e receptiva à subjetividade de cada aluno. As ideias compreendidas pelo professor devem então ser transformadas para que o ato de ensinar se efetive, pela via da dimensão compreensiva do aluno. Deve também abrir canais para essa compreensão por meio de um rico repertório representacional, pleno de exemplos, analogias, metáforas e demonstrações diversas. Tudo isso construído e pensado em fina sintonia com as especificidades do grupo de alunos que motiva a ação. Sem menosprezo de atenção, até mesmo, às peculiaridades de casos individuais e específicos.

A prática docente: não há ensinar sem aprender

É no momento da instrução, todavia, que tudo o que foi meticulosamente pensado atinge seu auge. É o instante da aula, da forte interação entre professor e alunos, entre alunos e alunos. O momento da instrução exige do professor elevada habilidade e equilíbrio, entre ação e reflexão, decisão e avaliação. O processo de avaliação dos alunos permeia toda a aula e vai além do tempo estipulado, seja por meio de resolução de dúvidas e prestação de esclarecimentos, seja por meio de provas e exames mais formais. A reflexão também se aprofunda após o sinal estridente da campainha: é quando o professor avalia a experiência vivida, aprende com ela e fornece novos subsídios às suas teorias. Aflora então uma nova compreensão, como consequência direta da atitude reflexiva sobre o conjunto do processo pedagógico.

Tanta complexidade no exercício dessa profissão naturalmente exige grande variedade de fontes de aprendizagem. A mais clássica, comum às demais profissões, é representada pelos cursos de formação. É por meio deles que se ganha instrumentação teórica para se trabalhar a realidade. É por causa da associação entre teoria e prática que a docência reflexiva se viabiliza. Não há, portanto, conflito entre o aprendizado teórico e o que se aprende pela vivência escolar. Ao contrário, o olhar crítico da realidade só é possível pela conjuminância desses dois elementos que são a teoria e a prática. Mas o futuro professor começa a aprender sobre essa profissão ainda de calças curtas: como aluno, em plena infância, já se começa a formar uma ideia sobre o que é isso. É como aluno que o futuro professor começa a construir suas primeiras referências da profissão.

As fontes de aprendizagem são diversificadas e se fazem presentes ao longo de toda a vida. Professor aprende, por exemplo, com outros professores, pela interação diária e pela troca de ideias que acontecem nas conversas formais e informais. Aprende com seus alunos, em sala de aula ou fora dela. Aprende também com as políticas públicas destinadas às escolas. Políticas, aliás, em geral fortemente dependentes da compreensão e assimilação do professor para o seu bom êxito. O entorno social da escola também ensina muito ao professor, por intermédio das famílias, das comunidades e das práticas culturais locais. Para ser professor é preciso, antes de tudo, se dispor a aprender.

A possibilidade de aprender continuamente, a partir da incessante interação com outras pessoas, com múltiplas fontes de aprendizado, talvez seja o aspecto mais fascinante da profissão docente. Investigar e pesquisar de forma permanente, em busca de esclarecimentos e de novos conhecimentos, é a maior recompensa do professor, é seu prazer incomensurável, pois é assim que se alcança a sabedoria de viver. Um viver equilibrado pela magia do pensar associado ao fazer. Mas não um fazer indiferente, e sim um fazer que interfere e que transforma. E não há sabedoria de viver sem reflexão sobre o vivido. Seria importante acrescentar que o professor que reflete sobre sua prática, que investiga e aprende com ela, é o professor que vai além das opções dadas, pois empreende a reformulação das opções existentes. Esse é o profissional livre, que escapa do trabalho alienado por meio da sua capacidade de pensar e criar. É o professor que visualiza a complexidade do mundo, as múltiplas implicações históricas, políticas, sociais e econômicas da sua profissão. É o professor que supera os condicionados de pensar, compreendendo sua condição de homem no mundo humano, como ressalta Wright Mills (1969).

capítulo 8

Estudar: do sacrifício para o prazer e o método

Bernard Charlot (*apud* Giolo, 2009) enfatiza que a dedicação do aluno ao estudo pressupõe o prazer e o sentido que pode extrair dele. Obviamente, o sentido e o prazer permeiam toda ação humana e não apenas a ação de estudar. Defende então o professor Charlot o conceito de mobilização do estudante para o estudo, que significa uma atitude interna do indivíduo, fundamentada em suas expectativas e desejos. Diferente da motivação, segundo Charlot, que se dá de fora para dentro, quando alguém procura motivar outra pessoa. Desse modo, o aluno mobilizado é aquele que vê coerência, sentido e prazer na atividade de estudar. Essa é a mola propulsora do estudo, cuja existência depende essencialmente do próprio aluno. Cabe somente a ele posicionar-se de modo interessado ante o estudo. Se o aluno não encontrar o sentido de estudar, a escola será para ele apenas uma obrigação enfadonha e aborrecida, um calvário de longa duração. Mas é possível auxiliá-lo nessa tarefa de encontrar o sentido de estudar e essa é uma responsabilidade da escola: ajudar o aluno a compreender que é pela educação que ele pode se construir como pessoa, satisfazendo seus desejos, vontades e interesses.

Se o desejo é o ponto de partida, o método é o caminho. Na questão do aprender, não raramente a quantidade é confundida com qualidade. Difunde-se socialmente a crença de que é preciso muito sacrifício para estudar, de que para estudar o jovem precisa abrir mão das outras coisas da vida, tais como a diversão, as festas, os amigos, os esportes, os lazeres, as viagens e as atividades recreativas em geral. Que estudar requer privações. Nada é mais falso, mais aviltante do que esse terrorismo que os adultos promovem junto ao jovem. Nada é mais prejudicial aos estudos, pois o aprendizado depende fundamentalmente de uma vida equilibrada, com boas horas de sono e descanso, alimentação adequada, alegrias e diversões, assim como de um bom estado de saúde física. O jovem atormentado pelos pais e professores é um forte candidato a ser ou tornar-se mau aluno, rejeitando a violência que a família e a escola querem lhe impor. E pleno de razão.

Não há uma resposta pronta sobre como aprender. A complexidade do intelecto humano abre inúmeras possibilidades, que também variam de indivíduo

Educação, mito e ficção

para indivíduo. Cada um deve encontrar seu próprio caminho, estabelecer seu método de aprendizagem a partir da compreensão do seu modo singular e único de aprender, conforme Giordan & Saltet (2007). Cada um deve explorar seus recursos intelectuais do modo que acreditar mais adequado e produtivo, norteado por seus interesses e conveniências. Mas sempre é interessante conhecer algumas recomendações metodológicas generalizantes, extraídas da experiência prática escolar acumulada. A observação sistemática das ocorrências de aprendizagem, por parte de professores, permite concluir sobre algumas condutas práticas e atitudes pessoais facilitadoras da aprendizagem. O professor De Ketele et al. (2009), da Universidade Católica de Louvain (Bélgica), expuseram em seu livro *Question(s) de méthode* uma série de recomendações metodológicas e práticas para o bom desenvolvimento na atividade de estudar. Medidas relativamente simples, que se aplicam de forma mais adequada aos alunos do ensino superior, mas em boa medida também aos estudantes da educação básica. Como já se disse anteriormente, estudar é um ato intencional e, assim sendo, exige providências práticas. As medidas sugeridas pelos autores visam tornar a vida do estudante mais confortável. Algumas dessas recomendações são as seguintes:

1. Não faltar às aulas é de importância fundamental para se sentir aluno, condição primordial para quem quer estudar. Para acompanhar o desenvolvimento do curso também é importante jamais chegar à aula sem uma pré-leitura da matéria ou dos tópicos que serão tratados pelo professor. Uma aula não pode ser como um filme de suspense, com surpresas a todo instante. Tomar notas durante a aula auxilia na memorização e na consolidação da compreensão por meio das leituras posteriores. Para as anotações o aluno deve utilizar livremente recursos como a escrita esquematizada das ideias, símbolos e abreviações, desde que se mantenha a inteligibilidade do que se anotou.

2. O planejamento dos estudos tem a importância de aproveitamento do tempo em razão dos cronogramas e metas pedagógicas estabelecidas pelo professor. Idealmente, o planejamento deve ocorrer sobre o conjunto do curso ao longo dos meses e chegando ao detalhe dos dias e horas reservadas ao estudo a cada semana. Matérias, disciplinas ou tópicos em que o aluno consiga prever maior dificuldade de aprendizado merecem maior disponibilidade de tempo.

3. Antes do início do curso, ou logo no início, o aluno deve se informar detalhadamente sobre todo o arsenal de recursos que a escola disponibiliza. Fazer uso sistemático da biblioteca e de todo o leque de serviços de apoio pedagógico pode fazer diferença para o objetivo de sucesso escolar.

4. As condições materiais para o estudo devem ser deliberadamente previstas e criadas. O local de estudo deve ser isolado de barulhos e de qualquer evento que desvie a atenção. As condições de iluminação, temperatura e adequação de cadeiras e mesas devem ser verificadas. A atividade de leitura dos textos

deve ser interrompida periodicamente, a cada 50 minutos é uma sugestão, para um breve intervalo de descanso ou rápida alimentação. Isso porque em geral a concentração continuada tem limites e vai se reduzindo com o passar do tempo.

5. A compreensão deve prevalecer em detrimento da memorização desprovida de sentido. Reler, analisar, sintetizar, resumir e reformular são procedimentos que favorecem a compreensão e a captação dos aspectos essenciais. Assim como estabelecer relações entre as ideias, analogias, bem como as conexões existentes entre as partes e o todo.

6. Os trabalhos em grupo de estudantes podem ser extremamente ricos para a aprendizagem, desde que todos antecipadamente se preparem para a reunião com os colegas, assistindo às aulas e lendo os textos. A interação entre pessoas e a diversidade de pontos de vista são de grande utilidade para o aprimoramento conceitual de cada um.

7. A primeira condição para enfrentar a etapa das provas e dos exames é a tranquilidade. Pensar que o curso foi acompanhado de modo adequado, com a plena realização das atividades solicitadas pela escola, deve ser o principal motivo de tranquilidade para os exames. Em geral, provas e exames submetem o aluno a uma situação de estresse e, por isso, é indispensável uma boa condição física e mental. Estar descansado é um requisito essencial. As atividades de estudos especificamente voltadas para as provas – tais como revisões e releituras – também requerem planejamento, com alocação do tempo disponível para elas. Não é recomendável, entretanto, estudar às vésperas das provas. As horas que antecedem as provas devem ser reservadas exclusivamente ao descanso.

8. O cuidado com a saúde e com o bem-estar pessoal sempre deve estar associado a qualquer programa de estudo. Sedentarismo, má alimentação, nervosismo e isolamento social são inimigos mortais do aprendizado. Praticar esportes, alimentar-se corretamente, desenvolver atividades culturais e de lazer, bem como encontrar com frequência os amigos são ações de fundamental importância para o aprendizado e consequente sucesso escolar.

Como dito anteriormente, não há uma fórmula pronta para quem quer estudar e aprender. O aprendizado é extremamente dependente do autoconhecimento, do que se deseja e das potencialidades que cada um enxerga em si próprio. O que se compreende é que o aluno não precisa estudar até o limite de suas forças, destroçando sua saúde com sacrifícios descabidos. O que precisa é estudar bem. Estudar bem exige especialmente vontade e prazer. A dedicação entusiasmada é apenas uma consequência.

capítulo 9

Educação a distância ou educação presencial? Um falso dilema

A aceitação de novas ideias implica o abandono de velhas crenças. É nesse ponto que mora a dificuldade: como abandonar ideias profundamente enraizadas, cristalizadas ao longo da vida? Como se desfazer de hábitos, costumes, rotinas, concepções e definições que se dogmatizaram ao longo dos anos? Abandonar velhas compreensões e entendimentos significa em boa medida reconhecer-se equivocado e iludido. O que não é nada confortável. A escola de tijolo, com salas de aulas e suas cadeiras enfileiras, é o modelo cristalizado do local do aprendizado. O professor que fala e o aluno que ouve na sua frente é o que se entende por modo de realização do ensino e aprendizado. Somem-se a isso as velhas forças corporativistas e classistas, que sempre elegem a mudança como indesejável, seja ela qual for. Formas alternativas de ensinar e aprender sempre existiram, pois nem todo mundo foi à escola e muita gente aprendeu fora dela. O chamado *homeschooling* ou escolarização doméstica é ainda hoje reconhecido e praticado em inúmeros países do mundo. No caso específico da educação a distância, pelo menos desde o século XIX ela já existia, fortalecendo-se a partir da consolidação dos serviços de correios. No século XX, com o avanço das tecnologias de comunicação como rádio e televisão, a educação a distância passou a incorporar programas governamentais para a área de educação. Já na virada do século XX para o século XXI, com a expansão das tecnologias digitais e o fortalecimento da internet, todo um imenso leque de possibilidades se abre para a educação. Neste momento histórico dos primórdios do novo milênio, o que se vê é uma forte tendência de convergência de mídias mais antigas para a internet, tais como rádio, televisão e telefonia.

Se, porém, os desafios tecnológicos são superados a uma velocidade estonteante, a compreensão das suas potencialidades na educação avança em um ritmo bem mais lento. O velho professor verbalista ainda se encontra entrincheirado na sua escola de tijolo, atirando argumentos contrários à educação a distância. Mesmo com a morte anunciada de quem repele a tecnologia, não conseguem perceber os mais resistentes que as tecnologias abrem possibilidades de novos formatos e novos fazeres, mas não necessariamente mudam as relações pedagógicas, conforme o professor José Manuel Moran (1995). A educação a distância carrega consigo os mesmos desafios pedagógicos da educação presencial. Educação a distância e educação presencial não apenas não se opõem e nem são excludentes, como ainda são extremamente ricas de possibilidades quando articuladas. Ou, como diz a professora Maria Elizabeth B. de Almeida (2003), a utilização de uma tecnologia de educação a distância não se configura em uma drástica mudança metodológica, mas reconfigura o campo do possível.

Não há dúvida, portanto, de que as Tecnologias de Informação e Comunicação (TIC) aplicadas à educação aportam atraentes possibilidades. Uma primeira, e mais evidente, é a desvinculação do estudo com tempos e espaços previamente definidos. O aluno que estuda a distância pode estudar quando e onde quiser, ao contrário do modelo escolar presencial. Naturalmente que sempre ocorrerão momentos síncronos, quando professores e alunos deverão se encontrar simultaneamente no ambiente virtual. E a educação a distância também não dispensa outros requisitos comuns à educação presencial, como a frequência à biblioteca tradicional ou um local físico adequado ao estudo. Materiais gráficos como livros e apostilas também continuam vivos na educação a distância de boa qualidade, que também não dispensa os serviços de correios convencionais. Apenas são enriquecidos com bibliotecas e textos digitais. Mas a liberdade do aluno quanto às suas escolhas e preferências de horários e locais de estudo é muito maior no modelo a distância. Com planejamento e organização, o aluno da educação a distância saberá inteligentemente aproveitar melhor seu tempo, articulando e programando suas atividades escolares com maior eficiência. Não perderá tempo com deslocamentos físicos. Para Almeida (2003), a educação a distância pressupõe a capacidade do aluno em administrar seu tempo. Essa autonomia certamente se configura em uma grande novidade para o educando, quando se olha para o modelo tradicional presencial.

O professor, que às vezes vê o fantasma do fim da sua profissão com as novas tecnologias, nem de longe é dispensável no ambiente virtual de educação. Esse receio do professor é infundado. Pois, ao contrário, sua função de mediador se amplia, sua capacidade de acompanhar com mais detalhes o desenvolvimento de seus alunos também aumenta significativamente. Sobretudo quando abandona a relação vertical, hierárquica, em relação a seus alunos. É importante não perder de vista o fato de que a educação a distância por si só em nada altera os atributos presentes nos relacionamentos humanos, tais como o autoritarismo, a arrogância, a prepotência, a cortesia, a amizade ou a generosidade. A grande oportunidade que as tecnologias de informação e comunicação oferecem ao professor é a de construir um modelo educacional mais compartilhado com seus alunos, menos hermético e mais arejado. O ambiente virtual permite, por exemplo, que o professor acompanhe os conhecimentos em construção, por meio das atividadesdes e tarefas em andamento, realizadas pelos seus alunos. Desse modo, ele tem a possibilidade de intervir, discutir e cooperar com seu grupo de alunos no momento do desenvolvimento dos trabalhos. Assim, o professor poderá estar junto de seus alunos, virtualmente, no momento em que executam uma atividade, interagindo quando solicitado, desde que isso não signifique um controle disciplinar. Ou seja, o ambiente virtual complementa e amplia o presencial, abrindo novos espaços para o ensino e a aprendizagem, conforme Moran (2004).

Sobretudo quando apoiado também em tecnologias de comunicação em tempo real, como a internet, a educação a distância favorece a intensa interatividade humana. Este talvez seja o ponto alto desse modelo de educação: permitir uma forte troca de ideias entre alunos, entre professores e alunos, bem como entre o professor e seus alunos e outros professores e alunos de outras escolas. Um velho sonho de Celéstin Freinet, que pregava a interação entre escolas, pois no ambiente virtual o aluno pode participar, por exemplo, de uma palestra de um professor convidado que se encontra fisicamente distante, até mesmo em outro país. Não há distância no ambiente virtual. Alunos e professores podem se encontrar a qualquer hora do dia, estejam onde estiverem, realizar debates, fóruns, pesquisas e textos compartilhados. Mensagens podem ser facilmente enviadas e recebidas, permitindo ao educando tirar dúvidas com seus colegas mais facilmente. A educação a distância favorece enormemente a construção cooperada de conhecimentos. A interação mais intensa, bem como a cooperação mais frequente, entretanto, não são obras da tecnologia. A interação e cooperação dependem de fatores estritamente humanos, como a atitude favorável, o desejo e a vontade de se relacionar.

A educação a distância não conflita com a educação presencial. Não há oposição entre elas. Mas há características peculiares a cada uma delas. O encontro presencial entre seres humanos é sem dúvida mais rico e fecundo. Mas a distância também é possível construir e manter amizades, demonstrar solidariedade e afeição. Os relacionamentos a distância não são tão impessoais e também podem transmitir calor humano. O modelo de educação a distância só será interessante e vantajoso justamente se favorecer uma educação mais humana, mais crítica, mais formadora de cidadãos conscientes, se favorecer a inclusão e o acesso de mais pessoas que desejam e precisam estudar, se favorecer um ganho qualitativo no processo de ensino e aprendizagem. As tecnologias de informação e comunicação pouco significam para a educação quando tomadas isoladamente. São apenas um meio e não um fim. As tecnologias apenas abrem novas possibilidades, a serem utilizadas a partir do juízo humano. Também podem ser usadas para fazer mal aos outros. E nesse sentido a educação a distância se sujeita aos mesmos riscos da educação presencial. Também pode se colocar a serviço da dominação e da exploração dos outros. Também pode enganar e ludibriar. O que tornará a educação a distância relevante para o ensino e a aprendizagem, portanto, não são as tecnologias, mas o próprio homem.

Poderá um dia a educação, essa abstrata criação da humanidade, se realizar preponderantemente em ambientes virtuais de alta tecnologia? Poderá um dia a educação a distância exterminar de vez as escolas de tijolo? Pouco provável, até onde se consegue enxergar o futuro, pois o encontro presencial não é dispensável pela educação a distância. É difícil acreditar que o encontro presencial entre as pessoas venha um dia a ser dispensável em virtude do que quer que seja. Mas a tecnologia, por seu lado, permite o encontro entre pessoas que presencialmente jamais teriam a oportunidade de se conhecerem. Pessoas que moram em regiões distantes e até mesmo em lados opostos do mundo. Na educação a distância é possível acessar culturas e aprendizados que estão fisicamente distantes. Assim, mais uma possibilidade é aberta pela educação a distância: a interação global, que pode fazer crescer no aluno a consciência de que o planeta Terra pertence a todos os humanos e que todos são por ele responsáveis.

capítulo 10

Ensino superior: educação para o emprego ou para a vida?

O encontro do trabalho com a educação ocorre de forma mais contundente e definitiva ao longo do século XIX, conforme Brom (2006). É o momento da difícil consolidação de um novo sistema econômico: o capitalismo industrial. É também o momento em que as revoluções burguesas, na Europa e nos Estados Unidos, tentavam firmar suas crenças no progresso, no desenvolvimento, na ciência e na racionalidade política, as bandeiras do iluminismo. Nenhum desses elementos, entretanto, poderia ser almejado sem que se estabelecesse uma sólida conexão entre educação e trabalho, a educação como abastecedora de formação profissional para o trabalho especializado, que era a nova configuração aportada pela divisão do trabalho. O trabalhador dos antigos sistemas produtivos não estava preparado para os novos tempos da indústria, tempos de produtividade, racionalidade, método e disciplina, conforme Hobsbawm (2000). A especialização imposta pela indústria se espraiou pela educação e por inúmeros outros segmentos da vida moderna, conforme De Masi (2001). Até as cidades dividiram suas áreas urbanas em áreas de lazer, de trabalho e de residência. Especialização urbana que obriga diariamente milhões de trabalhadores a se deslocarem de um lado para outro nos grandes centros urbanos. Os currículos escolares, por seu lado, foram divididos e redivididos em milhares de especialidades. A partir de então, estudar significava, em princípio, optar por uma especialidade profissional.

O mundo, porém, deu muitas voltas e a indústria perdeu capacidade de liderança econômica no último quartil do século XX. Os setores econômicos de serviços e de finanças assumiram a ponta. A economia desmaterializou-se e o ativo de natureza física, tão tipicamente industrial, perdeu valor para os ativos abstratos, tais como tecnologia, comunicação, criação e inovação, conforme Rifkin (2001). Somado às crises do petróleo da década de 1970, a indústria mergulhou de vez em profunda crise e saiu dela aos poucos, mas totalmente remodelada. A nova indústria é magra, leve, extremamente automatizada e com muito menos trabalhadores. O desemprego em massa chega então com força nos países industrializados, nas décadas finais do século XX. E atinge também de forma trágica países periféricos como o Brasil. O emprego e o trabalho, ícones do capitalismo virtuoso, são destroçados pela nova reordenação econômica. E o trabalhador especializado se vê obrigado a fazer outras atividades em um mercado de trabalho enfraquecido, atividades que ele jamais imaginava executar e para as quais jamais foi preparado.

Nos anos iniciais do novo milênio, o mercado de trabalho até ensaiou alguma recuperação em algumas poucas partes do mundo, dentre elas o Brasil. Mas algumas heranças do tempo da crise aguda parecem que vieram para ficar. Dentre elas, a instabilidade que se tornou permanente, a volatilidade dos mercados globalizados e a constante ameaça de riscos políticos e sociais. A velha formação do trabalhador especializado não mais é suficiente para os dias que correm. Com o fim da estabilidade empregatícia, os profissionais agora precisam se preparar para as mudanças, que serão uma constante em suas vidas. Especialidade e generalidade na formação profissional deixaram de ser um dilema: as duas são indispensáveis. Se a especialidade aumenta as chances de colocação profissional em curto prazo, a formação generalista, que faz a associação entre os diferentes campos de conhecimento, pode ser útil a futuras e, às vezes, drásticas mudanças profissionais.

Engenheiro, matemático, anatomista, pintor, escultor, arquiteto, poeta e músico: que curso ou escola teria feito Leonardo da Vinci se tivesse vivido nos tempos atuais? Talvez nenhum curso ou nenhuma escola. Talvez nem conseguisse ser a pessoa genial que foi. O sistema educacional não está preparado para pessoas como ele, que exploravam livremente, sem restrições, o grande potencial humano para aprender. Essa liberdade de conhecer foi tolhida pelas especialidades de conhecimento, que se entrincheiraram em seus castelos e que olham com desconfiança para qualquer tentativa de transdisciplinaridade. Rejuntar os cacos de conhecimento que o modelo de especialização deixou, todavia, se torna agora vital para o profissional sobreviver em um mundo mutante, em um mundo de descontinuidades. Uma sólida base cultural mais abrangente agora se faz urgente e necessária, uma formação que permita colocar em relação os conhecimentos, que permita enxergar a conexão entre as partes e o todo, conforme Morin (2000). Mas as escolas de educação superior, seus professores e seus alunos, ainda são prisioneiros da especialidade, sem se darem conta de que o fracionamento do conhecimento é apenas mais uma invenção humana. De tão socialmente difundida, essa invenção parece até coisa da natureza aos olhos de muitos e não uma produção do homem. Ou seja, a criatura dominou o criador.

Da mesma forma que o imaginário do que é estudar na escola precisa substituir a obrigação, a ameaça e a punição pelo interesse e pelo prazer do aluno, o trabalho também precisa mudar de eixo. Historicamente associado a atividade cansativa, desgastante e muitas vezes desumana, é chegada a hora de o profissional buscar sua autonomia e sua emancipação. Não mais fazer o que outros

Ensino superior: educação para o emprego ou para a vida?

querem que ele faça, pois já ficou provado que o mercado de trabalho não assume compromissos de reciprocidade. É chegada a hora de a formação profissional ensinar o aluno a construir seu próprio projeto de trabalho, conforme sua vontade, de forma a reduzir sua dependência de exigências que atendem unicamente interesses que não são seus. À educação superior cabe a responsabilidade de abandonar uma posição servil e de se colocar incondicionalmente ao lado do interesse, da vontade e do desejo do seu aluno. Tem diante de si o desafio de preparar seu aluno não para o primeiro emprego, mas para uma vida inteira, em que o trabalho aparece contextualizado por múltiplas relações e dimensões. A começar pela destruição de mitos e mentiras atrelados à profissão. A escolha da profissão, por exemplo, não é uma condenação eterna. É perfeitamente possível mudar de profissão mais de uma vez na vida. O jovem de 18 ou 20 anos, brutalmente pressionado pela família e pela sociedade para escolher sua formação profissional, só pode fazer a melhor escolha para quem tem 18 ou 20 anos. Nada mais, além disso. Seus interesses e desejos mudam com o avançar da idade e, por isso, novas escolhas profissionais podem e devem ser feitas, sem nenhum problema.

"Trabalhas sem alegria para um mundo caduco", dizia Carlos Drummond de Andrade, citado por Giannetti (2008). Qual é o seu interesse? Do que você gosta nessa vida? O que te dá prazer em fazer? Quem consegue responder essas aparentemente simples perguntas eleva substancialmente suas chances de uma vida profissional realizada e bem-sucedida. O filósofo alemão Nietzsche (1844-1900) dizia que o trabalho que não é resultado da escolha pessoal, o trabalho sem alegria torna as pessoas imbecis. E podemos acrescentar que também as torna profundamente infelizes.

Não se trata, porém, apenas de uma questão de felicidade – como se isso fosse pouco –, pois quem faz o que gosta em geral faz bem feito. E quem faz bem feito tende a ser reconhecido como bom profissional, o que resulta em benefícios mais elevados pelo seu trabalho. Ora, esse argumento parece carregar uma irrebatível consistência lógica: não é possível ser bom profissional sem gostar do que se faz. Ao trabalhar com o que tem vontade, desejo e prazer, o profissional se entrega a esse trabalho de corpo e alma, pois para ele isso não é um sacrifício e nem um sofrimento. Ele aprimorará continuamente o seu trabalho movido pelo seu prazer e não por pressões externas ou porque alguém mandou.

A resposta para o sucesso profissional, portanto, não está no mercado de trabalho ou nos departamentos de recursos humanos das empresas que dizem o que cada um tem que fazer. Essa resposta está dentro de cada indivíduo, e só ele pode encontrá-la, ninguém mais. Essa resposta é a vontade dele, o seu prazer, o que deseja fazer. Pouco importa o que os outros pensem da sua escolha. Não há mercado de trabalho bom para maus profissionais e nem mercado de trabalho ruim para bons profissionais. É preciso, no entanto, muito cuidado, pois o que não falta são consultores, gurus e charlatães recomendando exatamente o inverso: que a pessoa faça o que eles acham que deve ser feito. Fazer o que não se tem vontade de fazer – só porque os outros mandaram – é o ponto de partida para a desgraça no trabalho, para uma vida infeliz de frustrações profissionais.

A educação profissional das universidades deve então responder à seguinte questão central: a qualificação profissional oferecida a seus alunos atende o interesse de quem? Uma qualificação direcionada para o interesse do aluno é aquela centrada na autovalorização com vistas à autonomia. Autonomia que corresponde, no mundo do trabalho, à possibilidade de construção e escolha de alternativas, bem como à valorização da autoria do profissional. Em suma, uma qualificação que leve ao resgate da dignidade e da realização humana, do trabalho como obra, conforme Hanna Arendt (1983). Um trabalho que se configure também em uma real oportunidade de intervenção no sentido da justiça social e em benefício das gerações futuras, ainda conforme Arendt. Uma educação voltada para a emancipação humana, naturalmente extensiva ao trabalho, capaz de preparar o aluno não apenas para o emprego clássico, mas também para outras formas criativas e inovadoras de participação social.

Referências bibliográficas

ADORNO, T. W. *As estrelas descem à terra*: a coluna de astrologia do *Los Angeles Times*: um estudo sobre a superstição secundária. São Paulo: Editora Unesp, 2008.

ALARCÃO, I. (Org.). *Escola reflexiva e nova racionalidade*. Porto Alegre: Artmed, 2001.

ALMEIDA, M. E. B. de. *Educação a distância na internet*: abordagens e contribuições dos ambientes digitais de aprendizagem. *Scielo Brasil. Educ. Pesqui.*, São Paulo, v. 29, n. 2, jul.-dez. 2003.

ANDRADE, P. F. Avaliação de aprendizagem. Disponível em: http://www.dominiopublico.gov.br/download/texto/ea000200.pdf.

ARCE, A. *Sociologia da criança e da infância II*. Guia de Estudos. São Carlos: UFSCar, 2008.

ARENDT, H. *A condição humana*. Rio de Janeiro: Forense Universitária, 1983.

BAETA, A. M. B. *Fracasso escolar: mito e realidade*. Centro de Referência em Educação Mario Covas, 2003. Disponível em: http://www.crmariocovas.sp.gov.br/amb_a.php?t=005 2003.

BALANDIER, G. *A desordem*: o elogio do movimento. Rio de Janeiro: Bertrand Brasil, 1997.

BARTHES, R. *Mitologias*. Lisboa: Edições 70, 2007.

BAUMAN, Z. *Modernidade e ambivalência*. Rio de Janeiro: Jorge Zahar, 1999.

BERGER, P.; LUCKMANN, T. *A construção social da realidade*: tratado de sociologia do conhecimento. Petrópolis: Vozes, 2003.

BITTAR, M. *História da Educação I*. São Carlos: UFSCar, 2008.

BOURDIEU, P. *Contre-feux*: pour un mouvement social européen. Paris: Raisons d'Agir, 2000.

_____. *Questions de sociologie*. Paris: Minuit, 2002.

_____. *Contre-feux*: propos pour servir à la resistence contre l'invasion neoliberale. Paris: Raisons d'Agir, 2003.

BRASIL. Ministério da Educação. Secretaria de Educação Especial – Secretaria de Educação Básica. *Parâmetros curriculares nacionais*: adaptações curriculares. Brasília: MEC, Seesp, 1998.

BRASIL. *Diretrizes nacionais para a Educação Especial na Educação Básica*. Brasília: MEC, Seesp, 2001.

BROM, L. G. *A crise da modernidade pela lente do trabalho*: percepções locais dos processos globais. São Paulo: Saraiva, 2006.

CÂMARA CASCUDO, L. da. *Dicionário do folclore brasileiro*. Rio de Janeiro: Edições de Ouro, 1982.

CAMBI, F. *História da pedagogia*. São Paulo: Editora Unesp, 1999.

CANDAU, V. M. Da didática fundamental ao fundamental da didática. In: ANDRÉ, M. E. D. E. de; OLIVEIRA, M. R. N. S. (Orgs.). *Alternativas no ensino da didática*. Campinas: Papirus, 1997.

CASTORINA, J. A. et al. *Piaget-Vygotsky*. São Paulo: Ática, 2005.

CHABANNE, J. L. *Les difficultés d'apprentissage*. França: Nathan, 2003.

CHAUÍ, M. *Convite à filosofia*. São Paulo: Ática, 2004.

DE KETELE, R. et al. *Question(s) de methode: comment étudier à l'université?* Louvain-la-neuve (Belgica): Service d'Aide aux Étudients, 2009.

DE MASI, D. *O ócio criativo*. São Paulo: Sextante, 2001.

DEMO, P. *Saber pensar*. São Paulo: Cortez; Instituto Paulo Freire, 2007.

DEWEY, J. *Democracia e educação*. São Paulo: Cia. Editora Nacional, 1952.

FRAGELLI, P. M.; CARDOSO, L. C. *Escola e currículos I*. São Carlos: UFSCar, 2009.

FREIRE, P. *A pedagogia do oprimido*. Rio de Janeiro: Paz e Terra, 2005.

GAY, P. *Modernismo*. O fascínio da heresia: de Baudelaire a Beckett e mais um pouco. São Paulo: Cia. das Letras, 2009.

GIANNETTI, E. *O livro das citações: um breviário das ideias replicantes*. São Paulo: Companhia das Letras, 2008.

GIOLO, J. Bernard Charlot: a educação mobilizadora. *Revista Educação*: autores e tendências. São Paulo, Editora Segmento, 2009.

GIORDAN, A.; SALTET, J. *Apprendre à apprendre*. Paris: Librio, 2007.

HOBSBAWM, E. *Da revolução industrial inglesa ao capitalismo*. Rio de Janeiro: Forense Universitária, 2000.

IWASSO, S.; MAZZITELLI, F. A escola é dominada por preconceitos, revela pesquisa. *O Estado de S. Paulo*, 18 jun. 2009.

LE GOFF, J. *A civilização do ocidente medieval*. Bauru: Edusc, 2005.

LE GOFF, J.; SCHMITT, J. C. (Orgs.). *Dicionário Temático do Ocidente Medieval*. Bauru: Edusc, 2006.

LLOSA, M. V. *A verdade das mentiras*. São Paulo: Arx, 2003.

MANACORDA, M. *História da educação*: da Antiguidade aos nossos dias. São Paulo: Cortez, 2006.

Referências bibliográficas

MELLO, M. A.; CAMPOS, D. A. *As linguagens corporais e suas implicações nas práticas pedagógicas*. São Carlos: EdUFSCar, 2010.

MENDES, E. G. (Org.). *A escola e a inclusão social na perspectiva da Educação Especial*. São Carlos: UFSCar, 2009.

MIZUKAMI, M. G. N. Aprendizagem da docência: algumas contribuições de L. S. Shulman. *Revista Educação*, UFSM, v. 29, n. 2, 2004.

MORAN, J. M. Novas tecnologias e o re-encantamento do mundo. *Tecnologia Educacional*, Rio de Janeiro, v. 23, n. 126, p. 24-6, set.-out. 1995.

_____. Os novos espaços de atuação do educador com as tecnologias. In: ROMANOWSKI, J. P. et al. (Orgs.). *Conhecimento local e conhecimento universal*: diversidade, mídias e tecnologias na educação. Curitiba: Champagnat, 2004. v. 2, p. 245-53.

MORIN, E. *A cabeça bem-feita*. Rio de Janeiro: Bertrand Brasil, 2000.

NICOLA, U. *Antologia ilustrada de filosofia*: das origens à idade moderna. São Paulo: Globo, 2005.

OLIVEIRA, M. R. S. (Org.). *Confluências e divergências entre a didática e o currículo*. Campinas: Papirus, 1998.

OLIVEIRA, R. M. M. A de. *Matrizes teóricas do pensamento pedagógico I*. São Carlos: UFSCar, 2008.

ONOFRE, E. M. C. *Matrizes teóricas do pensamento pedagógico II*: Guia de Estudos. São Carlos: UFSCar Virtual, 2008.

PÁTARO, C. S. de O. (Org.). *Prática de ensino 3*: a escola como espaço de análise e pesquisa. São Carlos: UFSCar, 2009.

PATTO, M. H. S. *A produção do fracasso escolar*: histórias de submissão e rebeldia. Rio de Janeiro: T. A. Queiroz, 1990.

PEDRA, J. A. *Currículo, conhecimento e suas representações*. Campinas: Papirus, 1997.

PERRENOUD, P. *Avaliação: da excelência à regulação das aprendizagens* – entre duas lógicas. Porto Alegre: Artmed, 1999.

_____. *Os ciclos de aprendizagem*: um caminho para combater o fracasso escolar. Porto Alegre: Artmed, 2004.

PIAGET, J. *O julgamento moral na criança*. São Paulo: Mestre Jou, 1977.

REALI, A. M. de M. R.; REYES, C. R. *Práticas de ensino 1*: representações sobre o fazer docente. São Carlos: UFSCar Virtual, 2008.

RESWEBER, J. P. *Les pedagogies nouvelles*. Paris: PUF, 2008.

RIFKIN, J. *A era do acesso*. São Paulo: Makron Books, 2001.

ROUSSEAU, J. J. *Emilio*. São Paulo: Martins Fontes, 2004.

SACRISTÁN, J. C. *O currículo: uma reflexão sobre a prática*. Porto Alegre: Artmed, 2000.

SANTOS, B. de S. *A crítica da razão indolente*: contra o desperdício da experiência. São Paulo: Cortez, 2002.

SCHÖN, D. A. *The reflective practitioner*: how professionals think in action. Nova York: Basic Books, 1982.

SCHOPENHAUER, A. *O mundo como vontade e representação*. São Paulo: Editora Unesp, 2005.

SILVÉRIO, V. R.; MOYA, T. S. *Educação, diferença e desenvolvimento nacional*. Editora da UFSCar, 2009.

TARDIF, M. *Saberes docentes e formação profissional*. Petrópolis: Vozes, 2002.

WEBER, M. *A ética protestante e o espírito do capitalismo*. São Paulo: Pioneira, 1996.

WRIGHT MILLS, C. *A imaginação sociológica*. Rio de Janeiro: Zahar, 1969.

Parte II

A conceituação da adolescência e a educação: construções em torno de um impasse

Tânia Aguiar

capítulo 11

Os anormais[1]

> "A razão, obediente e serena, ofuscada onde se pensa. Luz!"
> *Tânia Aguiar*

Que atire a primeira pedra quem nunca pensou que a adolescência parece um tipo de doença. Que se imponha contra esse desafio aquele que, tendo algum contato com adolescentes, jamais procurou se informar sobre as características e as particularidades da adolescência. Que se levante quem, mesmo brevemente, não quis saber o que se propaga dos arautos do psicologismo em suas (im)prováveis explicações sobre quem é, o que quer, de onde veio e para onde vai este ser "adolescente". Está lançado o desafio: é possível olhar para nossos filhos e alunos sem o apoio da lente do conceito de adolescência, que nos leva a entendê-la, obrigatoriamente, como uma fase tumultuada, conflituosa, desregrada pela própria natureza e que coloca na cena social sujeitos psicologicamente perturbados?

Que *verdade* é essa sobre a adolescência que coloca toda a nossa sociedade em estado de alerta para com esses seres "estranhos" ao nosso mundo e promove todo tipo de prescrição para curar os males da adolescência? O que sustenta tais prescrições que vão desde as mais ingênuas afirmações, como declarar que *todo* adolescente é indisciplinado, até as mais elaboradas e modernas teorias sobre o funcionamento peculiar do cérebro dos adolescentes? Afinal, como e por que aprendemos a olhar para outro ser humano – normalmente nossos filhos ou alunos – e não ver a nós mesmos, não ver a nossa cara ali refletida? Que tipo de razão é essa que nos faz continuamente conceituar a adolescência, generalizar atitudes e comportamentos, a acreditar e ser absolutamente fiéis às orientações pseudocientíficas para curar a adolescência? Ou confiar cegamente em outras não menos significativas generalizações que nos dizem para não curar, deixar passar, pois tal como um mal súbito, pode, talvez, sumir da mesma forma que surgiu?

---

[1] Título do livro de Michel Foucault. *Os anormais*. Curso no Collège de France (1974-1975).

Propomos desse modo, em um atravessamento teórico – da psicanálise, da educação e da filosofia – que admite que não haja um sujeito fixo, dotado de uma identidade ontológica, mas suporte de discursos que o representam, questionar não quem somos, mas como chegamos a ser como somos. Tal questão é norteadora deste livro e está ancorada na filosofia de Michel Foucault.

Assim, convidamos os leitores ao atrevimento em retirar a lente das generalizações e a refletir conosco sobre a história do conceito de adolescência e seus desdobramentos no campo da educação. Pedimos ousadia para olhar o que está posto na cena social e tomado como verdade. E, por fim, pedimos a audácia do leitor para acreditar que há muito mais a fazer no campo educativo com os adolescentes do que "simplesmente" conhecer as características dessa "má fase" da vida. Aceitar o convite significa aventurar-se no despojamento do nosso – tão caro e propagado – conceito educacional de adolescência.

E então, há coragem suficiente para sair desse território substancializado tão conhecido quanto (des)confortável?

A revelação do (in)natural

A adolescência não é natural. Para muitos essa afirmação pode soar tão estranha quanto leviana. Mas não há substância natural para nenhuma expressão, comportamento, atitude, tendência etc., que marca aquilo que atualmente chamamos de adolescência. Para outros, tal afirmação pode provocar uma ligeira confusão entre o que nos acostumamos a reconhecer como características dessa "fase" da vida e as modificações físicas decorrentes da puberdade. Evidentemente a puberdade é "natural" em sua manifestação física propriamente dita, mas não nos comportamentos provocados por ela.

É relativamente conhecido o trabalho da antropóloga Margaret Mead,[2] que já no início do século XX relativizou a adolescência em decorrência dos fatores culturais, ao constatar a ausência de uma crise específica da adolescência entre os habitantes da Ilha de Samoa. Para essa pesquisadora, os "problemas" da adolescência se originariam na forma da educação ocidental. Portanto, não é nova a constatação da ausência de um "natural" na suposta crise da adolescência. Contudo, ainda que Margaret Mead tenha concluído acerca da ausência de uma natureza adolescente, afirma sobre a existência de uma crise típica desta fase nos jovens ocidentais, o que não inaugura, mas faz propagar nos meios acadêmicos, e daí para o imaginário social, um conceito de adolescência aliado à ideia de crise,

---

[2] A pesquisa da antropóloga gerou a publicação de dois livros, *Coming of Age in Samoa* e *Growing Up in New Guinea*.

que será definitivamente estabelecido a partir de outros estudos, especialmente os oriundos da área da psicologia.

A fim de evitar qualquer julgamento antecipado sobre a (in)existência de uma crise da adolescência – pois, essa (já ultrapassada) discussão não é o foco neste texto –, é preciso olhar com mais atenção para a cena social do final do século XIX e começo do século XX, buscando o entendimento sobre como a expressão dos jovens de determinada idade pôde ser entendida como uma crise que acarreta problemas para a sociedade. Com isso, propomos uma breve viagem no tempo, na qual o leitor deve aventurar-se em um cenário ainda não matizado com as cores da psicologia da adolescência. Quem puder, aventure-se.

A conceituação e a categorização dos belos e selvagens

> "Conceito e significado, provisoriamente precisos. Significante miúdo e feroz corroendo a razão teimosa e impostora. Verdade. Praga para racionalidade cismada em cavar sentido ao que não pode se dar a conhecer."
>
> *Tânia Aguiar*

Começamos a viagem desprovendo-nos de bagagens desnecessárias e já admitindo de antemão que o discurso científico não criou por meio de seus estudos, de suas prescrições e de suas práticas um grupo de pessoas com certas características e que viriam a ser chamados de adolescentes, mas distinguiu-o etariamente. Tal distinção – que podemos chamar de apropriação do objeto – se deve à psicologia nascente do século XIX, que se apropria desse objeto – sujeitos jovens que se expressavam de determinados modos em determinadas instituições – e de forma oportunista fornece os meios para a adoção de novos modelos conceituais que agregam elementos interpretativos e explicativos, fazendo surgir a psicologia da adolescência, que rapidamente se torna referência educacional nas instituições onde, nessa época, há maior concentração de jovens.

Desse modo, para a viagem neste tempo de efervescência científica, levamos na bagagem a noção de que a psicologia da adolescência se estabelece como um conhecimento prático que solucionaria os problemas sociais ocasionados por certos sujeitos que pareciam carecer de alguma dose de razão. Tal racionalidade oferecida habilmente pelos pressupostos da psicologia nascente parecia a tábua de salvação para as instituições encarregadas pelos cuidados dos jovens. Por isso, aquilo que conhecemos atualmente sobre a adolescência decorre dos conhecimentos promovidos pela psicologia científica que emerge sustentando as práticas institucionais, que por sua vez foram continuamente realimentando o conceito de adolescência.

Os jovens, porém, não estiveram sempre presentes na sociedade? Como, a partir de determinado momento da história, eles passaram a ser chamados de adolescentes? O que aconteceu para que suas expressões em determinada idade se tornassem objeto da ciência?

Responder essas questões requer um convite para alguns historiadores acompanhar-nos em nossa aventura investigativa que, longe de procurar alguma "solenidade de origem" do conceito de adolescência, verá na história "a pequenez meticulosa e inconfessável" (Foulcault, 1983b) de uma invenção humana.

Levi & Schmitt (1996) evidenciam a especificidade do jovem em outros períodos da história, tanto antiga quanto moderna, mas afirmam que tal existência não encontra precedentes com o que hoje chamamos de adolescentes. Esses historiadores destacam a presença, na cena social nos diversos tempos históricos, de pessoas em idade limite – muito próxima à idade dos "nossos" adolescentes –, mas concluem que a tal presença não pode ser atribuída uma definição constante ou atemporal. Trocando em miúdos, em cada época há um tipo de entendimento e um tipo de função para esses jovens; portanto, chamar os jovens do século XVIII de adolescentes está totalmente fora de questão. É claro que a palavra adolescência já existia, mas, de acordo com Philippe Ariès (1986), ela designava, de acordo com o momento da história, sujeitos de diferentes idades e nunca uma categoria com comportamentos e crises preestabelecidos de antemão, como acontece atualmente.

Assim, com Philippe Ariès, entendemos que até o século XVIII (na França) empregava-se indistintamente a palavra *puer* e a palavra *adolescens* para designar indistintamente o que na atualidade conhecemos como criança e adolescente, mas que era mais constante e indistinto o uso da palavra *enfant* e que tais designações nada tinham a ver com os fenômenos biológicos, como a puberdade, por exemplo. A ideia de *enfant* estava ligada à de dependência. Para esse autor, o surgimento da adolescência é um desdobramento do nascimento do sentimento de infância no século XVII. E, neste momento, convidamos os leitores para aproveitarem as ideias do historiador, que argumenta enfaticamente que o novo lugar atribuído à infância tem a ver com uma mudança social que muito nos interessa: a substituição pela escola no aprendizado das crianças e jovens como meio próprio para educação, que até então viviam no meio dos adultos. Ou seja, antes de serem soltas no mundo "dos adultos" as crianças passaram a ser mantidas a distância, em uma espécie de quarentena, que conhecemos muito bem e que denominamos escolarização. Nem será preciso muita esforço para entender que essa nova instituição – a escola moderna – foi fortalecida pelo estabelecimento de uma regra disciplinar que favorecia não apenas o ensino, mas também a vigilância.

Ainda acompanhados de Ariès, somemos à necessidade de regras e vigilância o surgimento das classes de alunos compostas de acordo com as diferentes idades e a implantação de um sistema de ensino duplo em que a classificação da condição social faz surgir o ensino secundário, o famoso liceu, que fez estender a quarentena, porque aos filhos burgueses era demandada uma boa e sólida educação; o trabalho, para esses jovens, podia esperar um pouco mais.

Com certeza, alguns já reconhecem nesse contexto elementos muito próximos às nossas experiências atuais. O cenário já se apresenta montado para o "surgimento" de expressões, comportamentos e ações que possivelmente causariam problemas para a sociedade. Mas, nesse cenário, outros desdobramentos ocorridos no século XX acrescentam elementos que matizaram o contexto teórico e a época histórica em que nasceu a adolescência como objeto do discurso científico.

Em nosso despojamento do atual conceito de adolescência, não podemos deixar de considerar com César (1998) que, no século XIX, tanto a biologia quanto a medicina produziam "saberes verdadeiros" sobre todas as naturezas, e claro, especialmente sobre a natureza humana, o que resultou na implantação das políticas higienistas. Temos assim um novo elemento que ajuda a constituir o que sabemos sobre a adolescência: o higienismo. Desse modo, escolarização, isolamento do "mundo adulto", classes divididas por idade, regras de controle e vigilância para possibilitar o ensino, aumento no tempo de permanência na escola – ampliação da educação secundária –, adiamento das responsabilidades pelo trabalho, políticas higienistas, necessidade de conhecer a natureza humana são os elementos que compõem a trama social na qual se expressa o jovem dessa época.

Tais elementos marcam um tempo em que o valor supremo é a razão, tomada como critério superior para conhecer e controlar a natureza. Não tenhamos ilusões acerca do que daí advirá: o prenúncio da nossa moderna adolescência, conceituada, explicada, vigiada e depositária dos saberes médicos, psicológicos e de uma pedagogia que nessa época se renova respaldada cientificamente nos pressupostos positivistas.

Esse prenúncio, ou estado embrionário da formalização do conceito de adolescência, materializa-se em razão da expansão e consolidação da psicologia, área do conhecimento que, no século XIX, a um só tempo, reivindica o *status* de ciência autônoma e se estabelece como um conhecimento prático, almejando solucionar racionalmente os problemas sociais, mais especificamente nas sociedades capitalistas europeias. Assim, nos primórdios de sua constituição e desenvolvimento, a psicologia é o resultado das necessidades produzidas nessas sociedades: *orientar, selecionar, adaptar e racionalizar* (cf. Souza Patto, 1984). A aplicação desse novo instrumento pode ser observada em duas de suas áreas: a psicologia do trabalho e a psicologia escolar. Observa-se que essas são as áreas de concentração de jovens no século XIX. Ou seja, nesse período, ou os jovens estavam nos colé-

Educação, mito e ficção

gios – os burgueses –, ou nas fábricas – classe trabalhadora, ou ainda no exército, que, nesse período, incorporou uma função educativa específica.

Desse modo, considera-se que no século XIX o pensamento acadêmico europeu estava tomado por novas formas de estudo dos fenômenos mentais, o que provoca o surgimento de uma psicologia objetiva, praticada nos novos laboratórios a partir de instrumental metodológico *importado* das ciências naturais. Assim, em 1879, com Wundt (1832-1920), a psicologia rompe definitivamente com a filosofia e se estabelece por meio do *método experimental*, que atende bem às exigências do campo social de uma *cientificidade* que possa medir, mensurar e quantificar os fatos exteriores à consciência.

Essa nova psicologia nasce na Alemanha e rapidamente se estabelece na França, e a partir desses dois países se expandem os fundamentos da psicologia científica, levados aos vários lugares do mundo. Nesse ponto observamos que os Estados Unidos da América logo atribuem um lugar de destaque para esses novos fundamentos psicológicos, inaugurando, em 1887, na Universidade Johns Hopkins (Baltimore), o primeiro laboratório de psicologia, idealizado por Stanley Hall (1844-1924), discípulo de Wundt e evolucionista convicto e declarado. Sabemos que, a partir dessa influência inicial, institui-se, nesse país, uma psicologia particularmente interessada nos fenômenos (crises) da adolescência.

No mesmo cenário social em que acontece a consolidação da psicologia "científica", e de onde se dá sua expansão, ou seja, nas sociedades capitalistas europeias, os jovens são notados e, de alguma forma, marcam o cenário. Se dizemos jovens e não juventude é porque, segundo os historiadores, não havia uma categoria homogênea que pudesse ser designada como tal. Partimos da ideia de que a psicologia apropria-se de um sentimento de *mal-estar* no século XIX, em relação a esses jovens, e também das investigações médicas sobre as transformações da puberdade. A partir disso, constitui-se em um campo explicativo e prescritivo, compondo as bases para a formulação da psicologia da adolescência. Precisamente porque a juventude, segundo os historiadores Levi e Schmitt (1996), não se constituía como um grupo com objetivos comuns (não há indícios de movimentos que possam ser considerados juvenis) é que se lança o olhar sobre comportamentos expressos em diversas instituições. E são esses olhares lançados sobre jovens de diferentes instituições que se ampliam, tendendo à universalização desses comportamentos, possibilitando, posteriormente, a compreensão de todos os jovens a partir deles, fato certamente tributário à incorporação da psicologia da adolescência no imaginário social.

A partir dos estudos de historiadores que se dedicaram à história da juventude, podemos perceber que não é fácil estruturar *uma* história da juventude, pois o historiador deve buscar seus dados em um passado que, reconstruído, pode não corresponder à nossa percepção contemporânea ao fato ocorrido, e ainda porque a juventude, quase sempre colocada ao lado das categorias marginais ou marginalizadas, é imaginada com certo *temor e tremor*, o que torna penosa a sua apreensão, conforme a expressão de Perrot (1996). Por isso, deter-nos-emos em três instituições nas quais os historiadores encontraram fontes privilegiadas de análise e que mostram bem a expressão dos jovens na cena social, no século XIX. São elas: o exército, a fábrica e o colégio. O estudo das práticas dessas instituições mostra exemplarmente como as mudanças sociais gerais afetaram os jovens do século XIX, oferecendo-lhes *destaque* na cena social.

O exército

Até meados do século XIX, o serviço militar não se constitui como um rito de passagem para a idade adulta; isso ocorre somente após o elemento da ideologia nacional ganhar espaço na cena social. Esse fato está relacionado com a obrigatoriedade do serviço militar que, a partir de então, divide a população masculina entre antes e depois do exército. É interessante observar que, mesmo sob o regime da obrigatoriedade, não eram todos os jovens que serviam ao exército. Fabre (1996) relata sobre os sorteios manipulados que livravam os jovens burgueses dessa árdua passagem, gerando uma supremacia da presença dos camponeses e dos operários no serviço militar e que, a partir dele, formavam um sentimento de *pertencimento* a um grupo etário preciso.

Podemos entender que, a partir desse fato histórico, Ariès (1986) fundamenta sua tese sobre uma "consciência de juventude" originada nos exércitos. Porém, de acordo com os outros historiadores, parece ter havido mais um sentimento de *pertencimento* do que uma *consciência* de categoria social, entendida como um grupo etário com objetivos comuns e não impostos pela instituição, pois o exército nem sempre era uma *opção*, para a maioria era de caráter obrigatório.

Para os jovens da classe trabalhadora e operária, o exército quase nunca representava o ingresso em atividades obrigatórias, pois muitos já haviam trabalhado desde muito antes do serviço militar. Esses jovens, involuntariamente, fizeram nascer no interior do exército a necessidade de uma educação *sui generis*, pois muitos deles, sem nunca terem ido para a escola, vestiam suas fardas. Vemos surgir a partir dessa "necessidade" a criação das escolas nos quartéis, com função educativa indireta e involuntária. Esse fato proporcionou os meios para o treino de habilidades militares e, ainda, tornou o exército uma instituição privilegiada para *disciplinarização* dos jovens, prática mantida por um longo período na história do Ocidente. O que nos importa, especialmente, dessa análise é o que ficou para constituir uma ideia sobre os jovens, como pessoas necessitadas de *disciplinarização*, e a escolarização como uma forma de atingir esse objetivo.

A fábrica

Segundo Perrot (1996), a história dos jovens operários do século XIX é ainda mais difícil de ser estudada, pois os operários sempre tiveram sua expressão abafada pelos discursos convencionais. Por meio dos estudos dessa autora podemos concluir que o século XIX teme a sua juventude e em particular a juventude operária que amedronta pelo risco de sua vagabundagem, de sua libertinagem e de possíveis contestações que daí podem advir.

O aprendiz, figura conhecida nas fábricas, foi tomado como um rebelde portador de comportamentos de recusa e revolta. As péssimas condições de trabalho – úteis ao capitalista, pois os aprendizes não aprendiam nada e custavam pouco –, nas quais os jovens mal recebiam salário e, quando o faziam, esse era tomado por familiares, faziam o aprendiz rebelar-se contra tais imposições. Essa recusa à continuidade em um sistema injusto foi lida como um sinal de inadequação, rebeldia e revolta, quando poderia ter sido tomada como um sinal de sanidade do jovem, pois não havia, para eles, nenhuma possibilidade de ação social e de autonomia.

O medo em relação aos jovens operários do século XIX faz surgir, da classe trabalhadora, dois mitos que marcarão o imaginário social: o *apache* e o *Béasse,* duas figuras destacadas entre os aprendizes das fábricas.

A figura do *Béasse*, um rapaz recém-saído da infância na França do século XIX, é o aprendiz que foge do patrão para andar pelas ruas da grande cidade. Foucault (1983a), em *Vigiar e punir*, faz dele um dos símbolos dos ilegalismos populares, aquele que recusa a servidão à família e ao trabalho. Essa figura foi amplamente explorada pela imprensa da época e tomada como um ícone pelo romantismo, que o transforma em um herói, a partir de suas características ilegais e delinquenciais.

De modo semelhante, surge na cena no final do século XIX e começo do XX a figura do *apache*, que diferente do *Béasse*, um solitário, movimenta-se em bandos pelas ruas da grande cidade. Sendo um jovem na faixa dos 18 aos 20 anos, e vivendo em grupo nas periferias, o *apache* também rejeita o trabalho assalariado e as más condições de trabalho, porém, por meio de suas ações, pretende ser ressarcido, pelos burgueses, da injustiça social, pois tem desejos de consumo insatisfeitos.

O mito do *apache*, mais do que um retrato do modo de vida do jovem da classe trabalhadora, foi construído pela crônica policial e pela imprensa, que o colocam definitivamente na cena social. Os atos delinquenciais de toda ordem eram quase sempre atribuídos aos *apaches*, e muitos jovens passaram a se reconhecer nessa imagem. Perrot (1996) relata que os diários parisienses *Le Journal* e *Le Matin*, com tiragem diária superior a um milhão de exemplares cada, fize-

Os anormais

ram incorporar, por meio de matérias sensacionalistas, o mito do *apache* no imaginário social como uma figura emblemática e amedrontadora, e essa incorporação e condensação do mito serviu para respaldar muitas ações políticas que objetivavam disciplinar os jovens da classe trabalhadora.

Dessa pequena passagem pela expressão do jovem operário na cena social do final do século XIX, destacamos a sua suposta delinquência e o temor à sua vagabundagem.

O colégio

O final do século XVIII é marcado pela onipotência da educação na modelagem do homem; essa máxima da renovação pedagógica em reconhecida ruptura com o modelo religioso predominante até então estabelece a instrução/escolarização laica e pública. Essa educação onipotente e racional é incorporada pela burguesia, que concebe a juventude como a riqueza social, como o objeto e o sujeito da renovação política.

Por isso, essa é a época da proliferação dos *liceus*, que mantinham seus jovens em regime de internato e exerciam o controle sobre eles mediante uma educação uniforme, sob pesada vigilância. Muitos jovens eram exilados do convívio com familiares, o que, algumas vezes, proporcionava, segundo Caron (1996), privação afetiva e um antagonismo entre a moral da família (individualista e burguesa) com a disciplina coletiva dos colégios. Além de toda disciplinarização almejada nesses estabelecimentos, ainda se procurava remediar a educação familiar.

Eram relativamente comuns as revoltas nos liceus, pois nenhuma atividade de grupo era tolerada e tampouco alguma forma de expressão. A relação de autoridade era introduzida por regulamentos e punições arbitrárias. A disciplina, evidentemente, era imposta, o que gerava mais conflitos individuais. À exceção dos períodos de distúrbios políticos, os conflitos coletivos eram raros, porém violentos.

De modo geral, o jovem colegial era visto como um rebelde e, nesse sentido, correspondia ao aprendiz. Apesar do destaque histórico, muitas vezes conferido ao jovem colegial burguês, ele representava uma minoria, pois a maior parte da população jovem não ia além do ensino primário. Em razão do aprendizado comum (dessa minoria), a frequência a lugares comuns e o *pertencimento* a uma classe social comum, esses jovens foram tomados como modelos por muitos estudiosos sobre a juventude e adolescência.

A marca – poderíamos dizer o estigma – dos jovens dos colégios e dos liceus foi a rebeldia. Segundo os historiadores, essa rebeldia, tal como na classe trabalhadora, não ocorria por acaso, mas em decorrência das más condições proporcionadas aos estudantes, seja nas questões relacionadas ao desejo de disciplinar, seja nas medidas punitivas arbitrárias. Essa marca de rebeldia rapidamente se ampliou – pela ação da imprensa, dos moralistas e reformadores ou dos educadores – e se transformou em uma característica entendida como universal.

Possivelmente, o "jeito de ser" dos rapazes burgueses logo se transforma no jeito de ser de muitos outros, ou por meio das medidas higienistas/educativas dos filantropos burgueses que, de uma forma ou de outra, acenavam para a classe trabalhadora o "modo certo de viver", ou pela divulgação midiática, ou ainda pela idealização educacional fortalecida pelo serviço militar e pela renovação pedagógica. O fato é que, no imaginário social do final do século XIX e começo do século XX, prevalecia a imagem do rebelde sexualizado dos colégios. As figurações juvenis não eram tomadas como benéficas para a sociedade; ao contrário, o que se constata é que essas figurações eram entendidas como rebeldes e sexualizadas, elementos estranhos a uma sociedade que se pretendia racional, científica e progressista. Nesse sentido, vale destacar que a educação nos colégios e liceus coibia qualquer expressão que se relacionasse aos sentidos e à sexualidade, fazendo que essa questão permanecesse, na maioria das vezes, como um fenômeno *fantasmático*. Ou seja, o jovem é entendido como um ser sexual, especialmente porque sua sexualidade é concebida a partir da moralidade educacional burguesa e não apenas por sua experiência. Observamos que essa percepção sobre os jovens tende a se universalizar, tornando todos os sujeitos de determinada faixa etária rebeldes e sexuais.

Os revolucionários barbados

Antes de continuarmos nossa exposição sobre o jovem em cena no século XIX, que pré-configurou o objeto da psicologia "científica", abriremos um espaço para um outro lado dessa figuração, na época, e que infla o imaginário social com a ideia do jovem rebelde: os revolucionários. Nesse sentido, Luzzato (1996) esclarece bem a questão ao direcionar sua pesquisa sobre o que foi tomado como "jovem revolucionário". Para esse historiador, a "juventude", em perpétua revolta no século XIX, não era composta por sujeitos tão "jovens" assim. Os revolucionários eram bem mais velhos do que foi inicialmente suposto. A marca dessas "revoluções" é o sentimento desses sujeitos revolucionários que se sentiam como jovens e combatiam como jovens; evidentemente havia entre eles sujeitos mais jovens, mas não eram a maioria e nem idealizadores dos movimentos de protesto político, revolucionários ou das barricadas de Paris, por exemplo.

As ideias de Luzzato (1996) coincidem com as de Lesourd (2004), pois, para ambos, no século XIX, deixa de existir uma *função* social e cultural para os jovens; portanto, mais do que a *presença real* do jovem no imaginário social, havia uma *presumível presença*, ou seja, a função social extingue-se e hipertrofia--se um jovem no imaginário. Essa observação é fundamental para o nosso percurso, pois, se havia uma presença presumida e ela estava incorporada ao imaginário social, por meio da ideia do jovem revolucionário (e também potencial delinquente, rebelde e sexual, como vimos anteriormente), o tecido social no qual se constitui a psicologia científica e, posteriormente, a psicologia da adolescência estava tramado de maneira a provocar a formulação de determinados conceitos.

capítulo 12

Circularidade, repetição e o nascimento de um conceito: adolescência

> "De onde vem que a verdade seja tão pouco verdadeira?"
> *Michel Foucault*[1]

Partimos da ideia de que o discurso sobre o jovem, que logo viria a ser denominado adolescente, vai se desenvolvendo de forma circular e repetitiva, por meio dos elementos antes descritos, ou seja, crise, rebeldia, delinquência, sexualidade, revolta, revolução, preguiça, instabilidade e sinônimos.

Dessa breve análise da presença do jovem na cena social do século XIX, fica outra questão formulada a partir da filosofia de Foucault e que diz respeito à necessidade de *disciplinarização*: será que havia mais revolta e rebeldia dos jovens do século XIX, ou mais vontade de discipliná-los, normatizá-los e homogeneizá-los?

Assim, é nesse cenário social que a psicologia científica nascente instalar-se-á e fornecerá as bases conceituais para a constituição da psicologia da adolescência, que oferece seus instrumentos, suas técnicas e suas práticas para a normatização dos jovens nas diversas instituições. Diferente do que se poderia supor por meio dessa análise, a psicologia europeia não se apropria rapidamente desse objeto (jovens), mas circula-o discursivamente por meio da prática da psicologia do trabalho e escolar.

É norte-americano o psicólogo reconhecido como o "pai" da "Psicologia da Adolescência" e, salvo qualquer dado até então desconhecido, Stanley Hall (1844-1924) foi o primeiro a propor uma teoria explicativa e prescritiva sobre a adolescência recortada como uma fase específica do desenvolvimento, inserindo, no imaginário social, o termo *adolescência*, por meio da publicação de uma obra de dois volumes intitulada *Adolescence* (Hall, 1925).

---

[1] Expressão de Foucault, segundo testemunho de Paul Veyne (1982).

Essa *paternidade* da psicologia da adolescência parece estar mais relacionada com a época da publicação da obra, que lhe confere o título de pioneira, do que com a "solenidade da origem" da adolescência como tal, pois, como vimos, o cenário já estava matizado com as cores da objetivação, pronto para catalogar e colocar a "adolescência" sob investigação da ciência.

Por isso, mais do que consistente, a obra de S. Hall foi influente. Quer dizer, muitos dos estudos posteriores sobre a psicologia da adolescência constituíram-se para confirmar ou contrariar seus pressupostos. De acordo com César (1998), a "origem" da adolescência não está na obra de Hall, mas ele próprio instaurou, em torno dessa obra, uma mitologia, disseminando-a em volta desse direito à paternidade "da adolescência", o que retrospectivamente transformou seu nome e sua obra em referências fundantes. Mas não podemos desconsiderar que esse psicólogo norte-americano exerceu grande influência política e formou uma geração de psicólogos em seu país, e que foi o primeiro – ao menos declarado como tal – que utilizou métodos científicos para suas investigações psicológicas especialmente direcionadas aos sujeitos jovens, delimitando as dimensões básicas da experiência adolescente, nitidamente influenciado pela teoria da evolução das espécies de Charles Darwin, a qual propõe uma correspondência entre os estágios do desenvolvimento do indivíduo e os estágios da evolução da espécie humana.

A partir de então, muitos outros psicólogos se dedicaram ao estudo da adolescência como uma fase do desenvolvimento. Uns atribuindo centralidade para essa fase, outros minimizando seus efeitos na construção da personalidade, identidade etc. Contudo, o que se estabelece como marca da adolescência nos estudos da psicologia é um conjunto de características tomado como natural. Nesse sentido, observa-se desde a famosa "crise" normativa e obrigatória da adolescência proposta por Erik Eriksson, a teoria dos mecanismos de defesa de Anna Freud, até os mais atuais estudos da neuropsicologia que relacionam a experiência adolescente ao desenvolvimento do cérebro, a inquestionável tendência às generalizações de comportamentos que podem ser nada mais, nada menos, do que os antigos recortes das expressões juvenis (crise, rebeldia, delinquência, sexualidade, revolta, revolução, preguiça, instabilidade e seus sinônimos) do final do século XIX e início do século XX, reconfigurados e realimentados continuamente pela apropriação das teorias da psicologia pelo imaginário social, e claro, aí incluídos os próprios sujeitos "adolescentes" que figuram como tal na cena social, apontando para uma subjetividade-efeito.

Adolescência e juventude:
fenômeno psicológico e sociológico

> "Há novamente uma geração que deseja superar a encruzilhada,
> mas a encruzilhada não está em lugar nenhum."
> *Walter Benjamin*[2]

Muitas vezes encontramos os termos adolescência e juventude utilizados como sinônimos, pois para muitas pessoas esses termos seriam mutuamente referidos e não excludentes. Todavia, engana-se quem pensa que a escolha por uma dessas palavras para designar não raro o mesmo grupo etário não atraia determinados adjetivos que as completam e marcam seus devidos territórios como objetos e constituintes dos saberes de diferentes áreas do conhecimento.

A adolescência pode ser limitada às expressões individuais e momentâneas, constituindo-se como categoria somente a partir da universalização de um conceito, o que a coloca como objeto privilegiado da psicologia e da psicanálise. Referir-se à juventude implica desviar momentaneamente o olhar dos pressupostos da psicologia com seu foco no indivíduo e direcioná-lo para os domínios da sociologia e da história, que são áreas do conhecimento que estudam as expressões coletivas. Mas, nesse sentido, Mateus (2002) considera que o fenômeno individual é desde o princípio social, e a diferenciação entre ambos depende, sobretudo, da perspectiva em que determinado fenômeno é analisado.

No século XIX, a sociologia, com E. Durkheim, e mais especificamente na década de 1940, a sociologia da juventude, com Karl Manheim, em um movimento semelhante à inserção da psicologia da adolescência, também se constituiriam em formalizações teóricas apropriadas pelo discurso social por meio de formulações sociológicas acerca dos sujeitos de determinada faixa etária.

Nesse tempo há uma variedade de estudos sociológicos que marcam as transformações sociais, incluindo os estudos sobre a juventude, que vão desde as primeiras explicações moralizantes e psicomédicas do final do século XIX, passam pelo estudo das gangues urbanas da Escola de Chicago na década de 1920, pelas análises de Street Corner Society, na década de 1940 – que privilegiaram os estudos dos grupos de acordo com suas relações de vizinhança e o tipo de situação social (Street boys, College boys) –, pelos estudos mais recentes (pós-guerra) das décadas de 1950 e 1960, com ênfase na "cultura juvenil" e nas culturas urbanas (banjots na França, teds, rockers e skinheads na

---

[2] "Metafísica della Gioventú" (*apud* Passerini, 1996).

Inglaterra), e, mais recentemente, pelos estudos da "contracultura" juvenil (hippies e beats), bem como os mais atuais estudos das culturas juvenis e suas produções. A diferença com a psicologia da adolescência é que nesses estudos sociológicos prioriza-se a categoria social – juventude – e sempre estão relacionados às transformações sociais e expressões coletivas. Portanto, sem atribuir nenhuma dessas expressões às características singulares – sejam físicas ou psicológicas – de uma determinada fase do desenvolvimento.

A "juventude", contudo, mesmo amparada pela condição de categoria social, oriunda do campo da sociologia pautada, tal como a psicologia, pelos ideais de racionalidade, não pode ser entendida como única e idêntica em toda parte.

Tentar estabelecer um único conceito de juventude seria assegurar a universalidade de uma categoria social e entrar em um campo de tensão próprio da sociologia da juventude para concluir que não podemos dizer "a juventude", mas "juventudes". Ou seja, é preciso considerar a juventude e sua experiência e não abarcá-la como uma categoria universal.

"A juventude é apenas uma palavra?"

Essa é uma famosa frase de Pierre Bourdieu, com a qual dialogam os sociólogos Margulis e Urresti e, em certa medida, François Dubet. Margulis e Urresti questionam a universalidade do conceito de juventude, estabelecendo uma interlocução não somente com Bourdieu, mas com certa concepção de juventude que se quer universal.

Os autores questionam especialmente a noção de moratória social, reconhecidamente um dos pilares que sustentam tal concepção universal. Lembramos que não é incomum a referência à juventude como esse tempo de moratória, de espera, no qual os jovens estariam distantes das "obrigações" dos adultos, com tempo livre para o lazer, porém, sem direitos plenos. Esse é um modelo especialmente referido aos jovens das camadas economicamente privilegiadas. Para contrapor a esse conceito de moratória social os autores inserem no campo da sociologia da juventude o conceito de moratória vital.

Moratória vital refere-se ao capital temporal/vital, um excedente que os jovens possuem, um "plus", um crédito temporal que depende da idade. Para esses sociólogos, a juventude tem uma matéria – esse capital temporal – de que se pode dispor; é estar longe da morte, com o futuro pela frente. O corpo é a materialidade que universaliza a juventude, para além da moratória social que é uma construção. Nessa concepção há um substrato material. No entanto, pode-se supor que o argumento da moratória vital é tão universalista quanto o de moratória social, criticado por Margulis e Urresti, pois tal conceito não se sustenta por

Circularidade, repetição e o nascimento de um conceito: adolescência

si mesmo, uma vez que em uma leitura atenta observa-se que os sociólogos recorrem aos elementos da cultura para manter a hipótese de moratória vital.

Nesse sentido, F. Dubet (1996) propõe entender a juventude a partir de alguns elementos da cultura. O sociólogo francês trata a juventude a partir do pertencimento a uma classe de idade e a uma classe social, mas também considera os aspectos históricos relacionados à experiência da juventude, segundo ele, organizada em duas modalidades: massificação cultural e divisão da sociedade em classes (1950-1960) e massificação escolar na França que conduz a uma tensão entre as posições escolares e os modos de vida juvenis. Para esse sociólogo, a experiência juvenil propriamente dita é construída pela tensão entre esses elementos ligados à formação moderna de um mundo juvenil relativamente autônomo.

Ao considerar tais elementos, Dubet propõe uma historicidade para a experiência juvenil, o que distancia suas considerações de um único e universal conceito de juventude. Por isso, conclui que a formação de uma cultura juvenil nos anos 1950 e 1960 deixa traços que propiciam associar juventude e anomalia no ciclo de vida, entre eles a incerteza estatutária ligada ao processo de socialização e a obrigação de projetar-se no futuro (formação escolar e profissional). Para Dubet, a presença desses traços na cultura juvenil aparece como resposta a essa dupla tensão, pois valoriza o grupo de pares e o presente, enquanto nos jogos de distribuição social se acentuam a competição e o instrumentalismo.

A massificação escolar é considerada por esse autor porque, estando a maioria dos jovens na escola até por volta dos 18 anos, esse momento de vida passa necessariamente pela experiência escolar. Dubet considera que a escola agrupa a juventude e também a divide, organizando a distribuição das qualificações e das posições sociais. Ou seja, o jovem na escola constrói uma experiência contraditória, pois a escola utiliza essa mesma lógica ao agrupar (por idade) e dividir (por qualificações e posições sociais).

Ou seja, tal como a psicologia da adolescência, a sociologia também desloca seu foco de atenção para a escola, pois a longa permanência dos jovens nessa instituição faz que ela se torne um dos fatores essenciais na organização das experiências juvenis. Desse modo, Dubet enxerga a massificação escolar como um dos elementos modificadores do processo de socialização da juventude.

A análise dessas questões leva o sociólogo a se perguntar se a juventude é um ator social e conclui que, na França, os jovens agem coletivamente, mas que a natureza de suas ações apontam para outra direção. Ele sustenta a posição de que a juventude não é ator social na medida em que quase não se vê juventude, como tal, se mobilizar para defender seus próprios interesses ou seus próprios objetivos sociais. Mas que a juventude é um ator cultural, na medida em que traz mutações que se opõem às formas sociais anteriores, percebidas como rígidas. Essas mutações são signos de identificação para um agrupamento, estilos de vida que engendram o sentimento de pertencer a uma geração. Ou seja, há uma ambiguidade na definição de juventude e essa não se define senão por uma natureza dupla e não se constitui senão por uma tensão.

Apesar, no entanto, dessa importante desconstrução conceitual, ao tratar da questão das gerações que envolve a discussão sobre juventude, Dubet busca em Karl Manheim – o primeiro sociólogo a se preocupar com a questão da juventude, na década de 1940 – uma definição para o aspecto geracional e na qual encontrará a priorização do fenômeno geracional para a caracterização da juventude.

Karl Manheim (1975) parte do pressuposto de que a juventude é energia latente e que por natureza não é nem progressista, nem conservadora, mas uma potencialidade pronta para qualquer nova orientação da sociedade. Ou seja, está apta a simpatizar com movimentos sociais dinâmicos, por não terem seus interesses comprometidos, como a maioria dos adultos. Essa energia latente pode ser mobilizada e integrada em uma função, dependendo da estrutura social. Porém, o autor não atribui a energia latente da juventude apenas aos fatos biológicos ligados à puberdade, mas ao fato de que é nessa fase que o sujeito entra para a "vida pública". Ou seja, Manheim evitou naturalizar os atributos da juventude e isso representou, na época, uma grande inovação nos estudos sociológicos.

Quanto ao problema sociológico das gerações, o autor conclui que a geração é um fenômeno social, porém não a circunscreve a um grupo concreto, mas como uma "situação de geração". Grupo concreto seria diferente de geração, pois estaria relacionado às organizações com objetivos específicos, como a família, a tribo, a seita etc., e com conhecimento concreto uns dos outros, proporcionado pela proximidade física. De outro modo, a geração não é um grupo concreto no sentido de comunidade; embora os membros de uma geração estejam vinculados, tais vínculos não resultam em um grupo concreto. Assim, a geração é constituída por meio da similaridade de situação de vários indivíduos dentro do todo social. Essa similaridade estabelece a situação de geração. O simples fato de que as pessoas nasçam ao mesmo tempo – coincidência de idades – não envolve por si só uma similaridade de situação. O que cria uma situação comum é o compartilhar a experiência dos mesmos acontecimentos, dados etc. Ou seja, a geração é uma construção social que repousa sobre o fato biológico, mas não se reduz a ele.

A questão da geração, contudo, pode ser analisada a partir de outros aspectos, como fez, por exemplo, Guita Debert (1999), ao anunciar uma diferença entre idade – situação – geracional e idade cronológica. Essa autora afirma que, apesar de as categorias e grupos de idade serem elementos privilegiados para dar conta da plasticidade cultural na experiência contemporânea, o lugar das gerações não está necessariamente ligado às idades. Para Debert, as gerações são geradas na família, mas as idades são institucionalizadas política e juridicamente. A geração – idade geracional – é relevante para estruturar a família e o parentesco, e a idade cronológica opera em um indivíduo formalmente isolado como unidade de referência. Desse modo, o que se coloca em questão é o domínio do Estado sobre a idade, uma dimensão fundamental na organização social. Há, nesse caso, um alerta para os estágios da vida definidos e separados como um dos meios de institucionalização crescente do curso de vida, em que cada vez mais o Estado, mediante políticas públicas, tem como alvo grupos etários específicos.

Apreende-se dos estudos de Debert que as gerações são menos marcadas pelas idades das pessoas que as compartilham do que pela vivência de determinados eventos que marcam trajetórias passadas e futuras. Essas conclusões podem ser obtidas por meio de estudos que apontam para a descronologização da vida como uma característica marcante das sociedades ocidentais. Tais estudos indicam que, no domínio da família, a mesma geração, em termos de parentesco, tem uma variedade cada vez maior em relação à idade cronológica (mães de 16 ou 45 anos), ao mesmo tempo que gerações sucessivas (do ponto de vista da família) podem pertencer ao mesmo grupo de idade, por exemplo, mães e avós da mesma faixa etária. Essas mudanças no ciclo de vida não estão pautadas pela idade cronológica, mas por uma operação de desconstrução do curso de vida em nome de um estilo unietário. Em suma, Debert fala de uma nova concepção de ciclo de vida.

De modo semelhante, vêm da Itália as ideias de Alberto Melucci (1997) afirmando que é no âmbito macrossociológico que devem ser entendidas as atuais tendências que emergem no campo da cultura e da ação juvenil. Contudo, esse sociólogo e terapeuta conclui que é preciso considerar também as experiências individuais diárias. Para ele, a questão central para compreender o fenômeno juventude é pensar o significado do tempo, uma vez que o grupo social que mais expressa o dilema do tempo é a juventude.

A partir dessas considerações, Melucci afirma que nossa sociedade complexa revolucionou o tempo. A sociedade complexa, sob esse ponto de vista, é aquela que está inteiramente construída por investimentos culturais simbólicos, na qual o tempo é uma das categorias básicas, por meio das quais construímos nossa experiência. O tempo que conhecemos é medido por máquinas, não é um "tempo natural", não mais subjetivo, é um tempo finalista, quando seu significado só se torna inteligível a partir de um ponto final. Tais dilemas da sociedade complexa são confrontados por todos, e em razão de suas condições culturais e biológicas, a juventude é o grupo social mais diretamente exposto a eles, tornando-os visíveis para a sociedade como um todo.

Alberto Melucci identifica o jovem com um "presentismo", acredita que os jovens constroem sua experiência de maneira mais fragmentada, o que torna a possibilidade de definir uma biografia contínua cada vez mais incerta. Tal fragmentação da experiência, as flutuações e metamorfoses da sociedade fazem que

Educação, mito e ficção

os jovens enraízem sua identidade no presente. Nesse panorama, a juventude é o grupo social mais sujeito às transformações sociais e que expressa com mais vigor os sintomas de uma sociedade complexa.

Em nossa desconstrução do conceito universal de adolescência fez-se necessária essa breve passagem pelo não menos controverso conceito de juventude, uma vez que não raro são tomados como sinônimos. Tal passagem serviu também para mostrar o movimento de desconstrução conceitual que opera no interior da sociologia da juventude. Certamente há jovens, mas quanto à "juventude" (categoria social) não há certezas, mas construções. Lidar com a categoria da juventude é lidar com uma categoria ambígua, pois serão tantas as juventudes quantos forem gênero, classe, etnia etc. Contudo, o campo da sociologia da juventude aponta para a possibilidade de elementos comuns que advêm de uma mesma experiência histórica partilhada pelos jovens. Com isso, concluímos com a compreensão de que a juventude também não é somente uma palavra ou um discurso, há uma materialidade que, revestida pela cultura e tomada em sua historicidade, podemos denominar *juventudes*.

Tal conclusão leva a pensar que além da questão da juventude entendida como categoria social e que deve ser vista em sua historicidade, o campo da sociologia pode auxiliar na compreensão das ideias sobre a juventude que marcam o imaginário social e coadunam na construção de uma representação de juventude e adolescência. Nesse âmbito, citamos Passerini (1996) e sua hipótese sobre a forma como essa representação é difundida em estreita dependência com o retrato projetivo da sociedade sobre a juventude.

Tal retrato projetivo aponta para um tempo em que se observa uma ideia de juventude como germe da nova riqueza para o futuro, como uma força capaz de aniquilar a miséria do passado e que comporta em si a regeneração coletiva. Tal ideia começa a impor-se na época romântica e tem, na década de 1960, sua fase final. Mas, partindo dessa ideia de que a representação sobre a juventude depende do retrato projetivo da sociedade, Abramo (1997) assinala que a juventude também pode ser tomada como um problema, como uma falha no processo de integração social, como anomia. E, nessa representação, o conceito de adolescência encontra um de seus pilares, pois tal conceito, como vimos, se estrutura ao longo do século XX como uma perturbação individual que provoca o coletivo.

O conceito de adolescência, respaldado na psicologia, mostra apenas uma das faces da mesma moeda. Diferente das representações sobre a juventude – que marcadamente alimentadas pelos estudos sociológicos têm uma representação positiva e talvez benéfica para a sociedade, mesmo que a juventude também possa ser representada como anomia –, as ideias sobre a adolescência não são positivas a partir de qualquer representação.

Atualmente, ao menos nas revistas e livros direcionados aos educadores, a juventude é representada como depositária da renovação social que se intenta obter por vias pedagógico-solidárias. Quando se fala em ações sociais que podem ser realizadas por e para pessoas na faixa etária compreendida entre os 14 e os 18 anos (não raro, alunos do Ensino Médio), utilizam-se regularmente as palavras "juventude" ou "jovem" para compor tais textos, estratégias para ações e para divulgar seus benefícios individuais e coletivos e os resultados positivos para a sociedade. Nesse momento, as palavras "adolescência/adolescentes" são suprimidas do discurso. Ou seja, a demonstração de confiança na capacidade de transformação social expressa por meio de programas de trabalho voluntário, empreendedorismo, protagonismo etc. é depositada nos "jovens" e não nos "adolescentes", ainda que se refiram às pessoas da mesma faixa etária. Isso talvez se explique em parte em razão da tentativa de gerar uma ação coletiva que depende, sob a égide da racionalidade, do estabelecimento de uma categoria. Contudo, o que se observa são referências isoladas aos indivíduos, como o "jovem" de 15 anos que atua voluntariamente nos programas de reciclagem, a "jovem" de 17 anos que articula junto à comunidade uma campanha de alfabetização para adultos etc. Quase sempre são projetos idealizados e levados aos "jovens" por adultos. Por isso, concluímos que se trata realmente da supressão da palavra adolescência quando as ações são entendidas como benéficas para a sociedade e não uma tentativa de referir-se a uma categoria social.

Quanto, porém, ao tema das ações sociais e da transformação positiva proporcionada pelos "jovens", outro aspecto deve ser observado. A demonstração de confiança na capacidade de transformação social dos "jovens" aponta para uma juventude depositária das angústias sociais, pois tais ações (sociais) que são realizadas pelos jovens e para os jovens podem ser a expressão que o sintoma da modernidade assume quanto à questão das gerações. Ou, como conclui Mateus (2002), considerando que a geração atual se apresenta como aquela que irá substituir a anterior, ela passa a ser o receptáculo das expectativas das gerações precedentes, e por ser nova, condensa tanto as angústias e os medos como as esperanças de renovação social. Por isso, conclui-se que essa juventude que aparece, com frequência, associada às ações sociais é, entre outras coisas, uma projeção do fracasso das instituições sociais.

Jerusalinsky (1999) diz que, atualmente, o discurso demanda pelo menos duas posições: uma é a do fracasso da nação que, no Brasil, se trata da nação econômica e jurídica, e outra posição é a da supremacia do objeto. Isso leva a pensar que o fracasso da nação, expresso no discurso sintomático das "ações sociais", encontra no jovem – evidentemente no jovem pobre – uma via privilegiada de passagem, pois arrebanha na "juventude" – os representantes da nova geração – os agentes da mudança social, necessária e urgente, em razão da impossibilidade de a sociedade ver-se nesse espelho cruel, que é, nada mais, nada menos, a vergonhosa desigualdade econômica, difícil de sustentar sem o apoio do discurso das "ações sociais". Os jovens das classes populares passam, então, a ser o "público- -alvo" dos projetos sociais, sendo, até mesmo, convocados ao suposto protagonismo nessas ações, como mostram exemplarmente as mal-disfarçadas propagandas de colégios particulares e os relatos pseudopedagógicos das revistas especializadas.

capítulo 13

A adolescência é mais que uma palavra[1]

> "O homem não preexiste à linguagem [...]. Jamais atingimos um
> estado em que o homem estivesse separado da linguagem,
> que elaboraria então para 'exprimir' o que nele se passasse: é a linguagem
> que ensina a definição do homem, não o contrário."
>
> *Roland Barthes*

Pensar a adolescência a partir de uma lógica não universalista e não naturalizada e entendê-la como uma construção histórica, cultural e social, logo, como uma invenção humana que tem seu surgimento condicionado às condições da modernidade, significa admitir que haverá tantas "adolescências" quantas forem as organizações sociais nas quais elas podem ser inseridas.

Admitir, porém, a adolescência como uma invenção humana não significa negar a sua face de elemento constituinte da subjetividade na atualidade, pois os sujeitos são levados a se reconhecer como adolescentes por meio de práticas de saber e de poder. Em acordo com os pressupostos da filosofia de Michel Foucault, concluímos que, por mais que a experiência pareça privada ou natural, ela sempre estará imbricada com as práticas. Portanto, negar a existência da adolescência em nossos tempos está fora de questão. O que está colocado em questão são os efeitos provocados pelos saberes médicos e psicológicos que inauguram e retroalimentam um conceito de adolescência que subjaz a todas as práticas educacionais que passam necessariamente pela lógica das generalizações dos comportamentos e expressões. E, para além disso, questiona-se a possibilidade de que o humano escape às determinações educacionais generalizantes e, por isso, que haja entre nós uma multiplicidade de experiências "adolescentes" que nem sempre correspondem à lógica das generalizações. Contudo, tais experiências somente

---

[1] Paráfrase do título de Margulis & Urresti (1998).

Educação, mito e ficção

encontram possibilidade quando esses sujeitos são referidos e figuram com outras denominações e não como "adolescentes". É a força de um conceito que é muito mais que uma simples palavra.

A adolescência e a psicanálise: marcas da ambiguidade

> "A linguagem do homem, esse instrumento de sua mentira,
> está atravessado de parte a parte pelo problema de sua verdade."
> *Jacques Lacan*[2]

O percurso traçado neste livro na busca pela produção do conceito de adolescência e pela resposta à questão foucaultiana (como chegamos a ser o que somos?) levou às instigantes e inevitáveis constatações de que a adolescência é atualmente elemento constitutivo da subjetividade, ainda que tal "adolescência" seja uma invenção humana exemplarmente colocada sob as lentes da racionalidade.

A adolescência, desse modo, é tomada como efeito de produções, desdobramentos e multiplicidades discursivas que, longe de habitarem as profundezas do discurso, se encontram na superfície. Tomar a subjetividade como efeito significa caminhar sob uma materialidade discursiva que suporta uma estratégia de pensamento atravessada de modo conceitual e que conduzirá, inevitavelmente, a uma "analítica da subjetividade".

Pensar dessa forma direciona o olhar para a produção do conceito de adolescência e a constituição de uma subjetividade-efeito (sujeitos constituídos nas e das relações) para enxergar nesse meio um campo do conhecimento – a psicanálise – que possibilita indagar: que subjetividade é essa que se constitui a partir da racionalidade que generaliza e categoriza os sujeitos? Que subjetividade é essa que se constitui por meio de práticas?

Assim, neste momento, direcionando o olhar para a psicanálise, é preciso, inicialmente, que em nossa viagem aos tempos de efervescência científica do início do século XX observemos os primeiros passos da psicanálise, tanto os de sua inserção no imaginário social como teoria explicativa quanto naquilo que contribuiu para a produção do moderníssimo conceito de adolescência, com toda a sua força de invenção humana. Como vimos anteriormente, a psicologia científica apropriou-se de seu objeto de estudo (adolescência) a partir de certo recorte da experiência juvenil, o que possibilitou, por meio de prescrições e de um *saber* sobre essa

---

[2] "Acerca de la causalidad psíquica" (Lacan, 1984).

84

fase/período, a circularidade do discurso social, que, por meio da predominância de sentidos, construiu imaginariamente uma adolescência portadora de atributos desfavoráveis à vida social.

Conceitualizada dessa forma, é apreendida por esse mesmo discurso com terror e temor, demandando novas formulações científicas que atestem suas incoerências, *conflitividade* e periculosidade universais. Uma invenção humana que em consonância com as teorias iniciais da psicologia da adolescência, apoiada em prescrições e fazendo circular discursos "competentes", conforme a expressão de Chauí (2003), dita padrões de normatização sobre a adolescência. A partir do campo da psicanálise, Rodolfo Ruffino (1993) observa que a psicologia da adolescência, desde as primeiras formulações teóricas, propõe tentativas para a compreensão do fenômeno, sugerindo propostas de intervenção, sempre pensadas a partir de causas biológicas ou sociológicas. Ou por meio da tese organogênica ou sociogênica, gerando a busca ou por um biológico puro, ou pelo sociológico puro, ou, ainda, tentando compreender o fenômeno por meio da "junção" dos pontos fortes de ambas as teorias, o que, de acordo com o autor, provocou a extensão indevida da competência dessas fontes na elaboração de um conceito que se quer universal.

Para propor tal observação, o psicanalista apoia-se em uma clara distinção entre a psicologia e a psicanálise, entendendo esta última como um campo do conhecimento que procura articular as experiências do sujeito com sua inserção no campo social, o que marca a inexistência de *um único conceito de adolescência.*

Como vimos, no entanto, no capítulo anterior, o imaginário social, no início do século XX, já se encontra inflacionado pela caracterização da adolescência como uma fase da vida marcada pela exacerbação da "sexualidade" e pelos conflitos "típicos" da idade, e é nesse mesmo cenário que observamos o surgimento da psicanálise com seus fundamentos sobre a *sexualidade infantil.* Então, como distanciar a normatização dessa fase da vida e a universalização do conceito de adolescência de uma normatização também imposta pelos pressupostos psicanalíticos, uma vez que em nome da psicanálise muitas prescrições são dirigidas à adolescência?

Nesse sentido, supomos que as primeiras ideias psicanalíticas foram apropriadas pelo imaginário social sob o comando da psicologia. Para confirmar tal suposição é preciso ouvir um pouco mais o que nos diz a história, especialmente no que se refere à *pequenez meticulosa dos baixos começos.*

Nos primeiros (1904) estudos da psicologia da adolescência (Hall, 1925), entendia-se que o período da adolescência era natural e central no desenvolvimento da sexualidade. Nessa mesma época, Freud (1996a) publicava os "Três ensaios sobre a teoria da sexualidade" (1905), obra cujo teor desmistificaria qualquer proposição de centralidade ou "naturalidade" ao período da adolescência/puberdade em decorrência, tão somente, das transformações físicas e biológicas. Nessa obra, Freud trata da existência da sexualidade infantil, portanto, a adolescência/puberdade não é entendida como o período no qual se inicia o desenvolvimento da sexualidade.

A teoria psicanalítica rompe, por assim dizer, com o discurso instituído, não especificamente quanto ao conceito de adolescência, mas, especialmente, com o "saber" oficialmente instituído na época. Ou seja, a psicanálise institui um novo discurso sobre o homem e rompe com a "psicologia da consciência" que tomava como objeto o "homem psicológico", da consciência e dos comportamentos. Esse novo discurso da psicanálise se institui tanto pela afirmação da existência da sexualidade infantil quanto por seu pressuposto sobre o inconsciente, o que produziu um corte epistemológico no discurso sobre o homem (Almeida, 1993). De acordo com Deleule (1969) e Japiassu (1983), o advento da psicologia não se constitui em um corte epistemológico, tal como representou o advento da psicanálise, porque a primeira não rompe com o discurso ideológico dominante, ao contrário, corrobora-o na medida em que põe à sua disposição sua técnica e sua teoria. De outro modo, a psicanálise rompe com a ideologia vigente quando propõe a existência do inconsciente, portanto não estuda o homem porque não dota o sujeito de uma identidade ontológica e tampouco propõe uma teoria a seu respeito.

Desse modo, a psicanálise demonstra seu interesse pela constituição do sujeito, para além do "ser biológico" e da "consciência" (comportamento, conduta, cognição, emoção etc.), o que bastaria para que um novo olhar fosse lançado sobre os jovens no começo do século XX, objeto da psicologia. Contudo, mesmo admitindo que tais pressupostos tenham, com o tempo, tomado corpo no interior das instituições, proporcionando alguma reflexão em torno da *naturalização* do conceito de adolescência (o que já demonstra mudança), a variação efetuada pela psicanálise em torno do conceito de adolescência está mais relacionada com a apropriação imaginária que se fez dos pressupostos psicanalíticos do que com aquilo que, de fato, constitui o cerne do pensamento freudiano.

César (1998) lembra a visita de Freud aos Estados Unidos, em 1909, orquestrada por Stanley Hall, na época reitor da Universidade de Clark, o que despertou em Freud a esperança de que prestaria um grande serviço à psicanálise, inserindo-a em um panorama teórico mais amplo. A autora afirma que, quando Freud chegou aos Estados Unidos, os teóricos americanos já conheciam as ideias desenvolvidas nos "Três ensaios..." e dividiam-se em "prós e contras". Contudo, o que marca essa incursão de Freud pelos círculos acadêmicos norte-americanos (com seus recém-inaugurados laboratórios de psicologia) é que aquilo que sua teoria propunha logo foi apropriado pelo discurso da psicologia norte--americana como dados *naturais e universais*, portanto, "delineava-se assim um arcabouço teórico fundado em uma abordagem sobre os 'instintos sexuais' e as 'estruturas de recalque', isto é, na repressão desses instintos que, segundo Freud, eram afetados por influências externas como a experiência e a educação" (César, 1998, p. 46). A partir daí, a psicanálise passa a ser incorporada ao discurso científico sobre a adolescência, como mais uma teoria a explicar esse período da vida em termos "naturais" e que justificava, de alguma forma, as práticas pedagógicas que objetivavam "educar os instintos" dos adolescentes.

Como veremos, contudo, a inserção direta da psicanálise no campo da "adolescência" se dá por meio das práticas educacionais, a partir do apoio de Anna Freud.

No meio psicanalítico é relativamente comum que se diga que a psicanálise não enfatizou a questão da adolescência em suas formulações inicias. De acordo com esse pensamento, isso ocorreu especialmente porque, para Sigmund Freud, a sexualidade não se inicia com o advento da puberdade, e sim é fator constitutivo do psiquismo humano, portanto o sujeito é desde sempre *sexualizado*. Porém, atualmente é raro encontrarmos alguma obra sobre a psicologia da adolescência (e mesmo sobre práticas educacionais para os adolescentes) que deixe de referir-se à teoria psicanalítica.

Então, o que ocorreu, durante o século XX, para que a psicanálise seja entendida por alguns, atualmente, como uma das principais teorias "explicativas" sobre a adolescência e em contrapartida que outros afirmem que para esse campo do conhecimento não existe um único conceito de adolescência e tampouco prescrições universais?

De pronto, poder-se-ia supor que a incorporação imaginária da relação entre a psicanálise e a sexualidade conduziu à relação (imaginária) entre a psicanálise e adolescência, pois, como vimos anteriormente, esta última já estava conceitualizada como a "fase da expressão da sexualidade". Alguns autores, como Peter Gay, Ernest Jones e Elizabeth Roudinesco, concluem que a afirmação de Freud sobre a existência da sexualidade infantil causou grande incômodo na sociedade burguesa do final do século XIX e começo do século XX. Tal fato pode ter conduzido à incorporação imaginária dos fundamentos da teoria psicanalítica estreitamente relacionados ao "campo sexual". Ainda hoje encontramos tal relação no discurso corrente, expressa, por exemplo, em frases como "para Freud tudo é sexo!".

Entendemos, porém, que, além desse aspecto – que não pode ser desconsiderado – a própria história da psicanálise mostra-nos outro viés da relação entre psicanálise e adolescência. De acordo com Perret-Catipovic & Ladame (1997), na história da psicanálise subsistem alguns equívocos a respeito do lugar atribuído à adolescência.

Os autores destacam que, além da parte dessa história que já foi repetidamente apontada e que se refere à idade dos pacientes de Freud – como Dora que, na época, tinha 18 anos – para compreender o equívoco estabelecido na afirmação de que Freud não se ocupou da adolescência em sua teoria, é preciso, antes de tudo, entender as diferenças de linguagem estabelecidas ao longo do século XX. Segundo esses autores, no começo do século XX, na língua alemã, as palavras *adoleszenz* e *adoleszent* eram pouco usadas, tanto na linguagem cotidiana quanto pelos acadêmicos. Afirmam, ainda, que é preciso considerar a formação médica de Freud e seu trabalho na neurologia e na pediatria, o que possivelmente o levou a privilegiar os termos *pubertat* em detrimento a *adoleszenz*, e ainda *jugend* e *jugendiche* (jovem e juventude), para se referir ao fenômeno da adolescência.

Mesmo considerando tudo o que a palavra *adolescência* implica atualmente – e que é muito diferente daquilo que o uso da palavra puberdade implicava no começo do século XX –, é possível pensar que Freud atribuiu *alguma* importância a esse período da vida, mesmo que não encontre paralelo com a importância atribuída à infância na teoria psicanalítica. Portanto, podemos concluir que o texto de Freud (1996a) sobre as transformações da puberdade abriu possibilidades para que outros psicanalistas desenvolvessem seus estudos sobre a adolescência.

Entre os psicanalistas que se ocuparam da adolescência desde o começo do século XX, podemos citar Otto Rank (1884-1939), contemporâneo de Freud, que, a partir do *rompimento* com alguns dos pressupostos psicanalíticos, atribuiu centralidade à adolescência no desenvolvimento e incorporou à sua teoria o conceito de "vontade", entendido como uma força criadora e produtiva; assim, aquilo que impulsiona a experiência adolescente é a interface entre a vontade e a sexualidade; e H. S. Sullivan (1892-1949), também contemporâneo de Freud, que conduz seus estudos de modo a criticar a exclusão que a sociedade faz da sexualidade, afirmando que um dos grandes problemas da adolescência é o período de espera entre as experiências de satisfação sensual e a época na qual o sujeito pode satisfazê-las. Mesmo Otto Rank e H. S. Sullivan tendo "rompido" com alguns fundamentos psicanalíticos para compor uma "teoria" sobre a adolescência, é imprescindível que se reconheça a existência de tais estudos, porque de alguma forma as ideias sobre a adolescência estavam tomando corpo nos meios acadêmicos, ainda que estabelecidas "fora" dos círculos psicanalíticos da época.

Nos meios de estudos psicanalíticos do começo do século XX, as ideias sobre a adolescência se movimentavam e conquistavam espaços entre os alunos de Freud. De acordo com Perret-Catipovic & Ladame (1997), entre esses alunos pode-se destacar S. Bernefeld (1892-1953) que, em 1912/1913, fundou um movimento de jovens distinto dos movimentos existentes, porque se baseava na compreensão da *adolescência* a partir das ideias psicanalíticas dos "Três ensaios...". Os autores afirmam que a obra desse psicanalista integrou as teorias psicanalíticas à pedagogia de sua época.

De modo semelhante, August Aichhorn (1879-1949) foi um dos primeiros psicanalistas a aplicarem a teoria de Sigmund Freud na compreensão dos jovens em aflição. Em 1925, publica *Juventude abandonada,* obra na qual relata – apoiando-se na teoria psicanalítica – sua experiência de educador em dois internatos para jovens delinquentes e órfãos.

Nesse sentido, sublinhamos que, a partir do estudo de Freud, os psicanalistas que deram os passos iniciais na tentativa da compreensão da adolescência à luz da psicanálise fizeram-no com base em suas experiências educacionais; portanto, desde o princípio do movimento psicanalítico percebe-se uma estreita vinculação entre a adolescência e o campo da educação. Tal vinculação também pode ser percebida no caminho traçado por Anna Freud.

Anna Freud (1895-1982) desenvolveu teses para apoiar a especificidade da psicanálise da criança e do adolescente. Porém, apesar disso foi, inicialmente, reticente para tratar os adolescentes pela psicanálise. Desde o início de sua formação, partilhou com alguns colegas de profissão (Aicchorn, Bernefeld, Erikson, Laufer) o interesse pela compreensão psicanalítica da adolescência. Sua tese principal, em continuidade a Freud, admite que a força pulsional da puberdade provoca um desequilíbrio entre o id e o ego, o que produz um enfraquecimento do ego e uma rigidez nas defesas. Assim, Anna Freud atribuiu uma especificidade à adolescência, que seria uma contraindicação à cura clássica pela psicanálise. Apreende-se daí que as ideias de Anna Freud constituem-se em uma teorização sobre a adolescência.

Segundo Perret-Catipovic & Ladame (1997), até os anos 1950, muitos psicanalistas trabalharam em torno do tema adolescência, porém sempre sob a perspectiva teórica cuja aplicação se limitou ao domínio da educação e da pedagogia curativa. No final dos anos 1950, houve mudança de perspectiva, ocorrida especialmente em razão da ênfase atribuída à necessidade de tratamento dos adolescentes pelo psicanalista Lampl-de-Groot (1895-1987). E, a partir daí, outros o seguiram e a psicanálise passou a se ocupar dos *tratamentos* psicanalíticos aos adolescentes, com base em estudos de teóricos conhecidos, como Peter Blos e E. Erikson (Estados Unidos), Moses Laufer, Eglé Laufer, P. Male, E. Kestemberg, Gutton (Europa). Aqui cabe assinalar ainda que, na Inglaterra, D. Winnicott (1896-1971) propunha, a partir da psicanálise, outra forma de "tratar" o adolescente que era muito diferente da proposta de Laufer ou Lampl-de-Groot (amigos de A. Freud), pois afirmou, em 1962, que o "único remédio para a adolescência é o tempo... que o nosso papel (do psicanalista) é fazer face – antes que remediar – a essa que é essencialmente uma manifestação de saúde" (cf. Perret- -Catipovic & Ladame, 1997, p. 25).[3]

---

[3] Tradução livre.

Assim, podemos concluir que a afirmação de que, no início, a psicanálise não se ocupou da adolescência é controversa. Pode-se afirmar que não se ocupou de uma *especificidade* no tratamento psicanalítico dos adolescentes, porém seus fundamentos teóricos foram divulgados e levados à *prática*, especialmente no campo da educação, por meio dos primeiros alunos de Freud, o que certamente causou impacto nas formulações universais sobre a adolescência.

A psicanálise e a dupla face da adolescência

> "Eu é um outro. Tanto pior para madeira que se descobre violino e zomba dos inconscientes que discreteiam sobre aquilo que pura e simplesmente ignoram. Não sois Mestre para mim. Dou-vos isto: será uma sátira como vós diríeis?"
> *Arthur Rimbaud*, aos 17 anos, trecho da carta a G. Izambard, 1871

Apesar de observarmos que desde Anna Freud a adolescência vem sendo objeto de estudo e prescrições da psicanálise, os fundamentos desse campo do conhecimento foram, ao longo do século XX, em certa medida, psicologizados, quando a adolescência está em questão.

Uma análise mais apurada demonstra, entretanto, que as recentes articulações da psicanálise, especialmente em sua vertente lacaniana, distanciam-se consideravelmente dos pressupostos iniciais e dos mais recentes da psicologia e da medicina, tanto quanto das formulações científicas apropriadas imaginariamente pelo discurso social.

Segundo Jean-Jacques Rassial (1997), utilizar o conceito de adolescência no campo da psicanálise requer alguns cuidados. O autor afirma que há algo específico na adolescência, entretanto "a constatação de uma especificidade da adolescência não pode bastar para fundar o conceito de adolescência na teoria psicanalítica". Contudo, o autor afirma que, além da existência de um conceito, é possível pensá-la em sua *especificidade*, em especial se o discurso analítico puder expor-se além de suas bordas e correr o risco de encontrar-se com o discurso filosófico.

Da mesma forma, Ruffino (1995) entende que a psicanálise só pode pensar a adolescência a partir da desnaturalização de seu conceito, liberando-o da ideia de etapa cronológica, a partir da noção de adolescência como uma *operação psíquica*. Para tanto, é preciso pensá-la como uma instituição histórico-cultural, que se caracteriza com o advento da modernidade e "se materializa na subjetividade de cada um ao tempo de seu final de infância".

Nesse sentido, o autor esclarece que a adolescência pode ser então compreendida como aquilo que se apresenta à subjetividade moderna sob uma dupla face: como instituição historicamente constituída e como operação psíquica.

Para o autor, tal operação psíquica "põe em marcha no interior da subjetividade de cada um, por faltar fora, no espaço da sociabilidade, o trabalho que outrora fora societário e que cuidava da hominização adulta dos membros de uma comunidade" (Rufino, 1995, p. 42). Segundo esse psicanalista, o que falta no espaço da sociabilidade é a eficácia ritual – perdida na modernidade – expressa nos elementos presentes nas sociedades tradicionais, que dispensavam o surgimento do fenômeno da adolescência, pois nelas a passagem da condição de criança à condição adulta de seus membros ocorria sob os cuidados dos dispositivos societários, dispositivos da ordem simbólica, que bastavam em sua eficácia. Assim, na ausência de tais dispositivos e para a suplência destes, a subjetividade viu-se forçada a alterar-se para produzir, em seu "interior", algo novo, que funcionasse como "intérprete entre o que exige a dupla convocatória simultânea" que põe em marcha a adolescência.

Ou seja, a adolescência é o momento em que o sujeito se "vê convocado (duplamente) desde o seu corpo e desde o olhar do outro, a ser algo diferente do que a criança que foi" (ibidem, p. 41). Portanto, se a adolescência pode ser entendida como instituição histórico-cultural que provoca uma operação psíquica, então pode ser pensada na psicanálise. Definir a adolescência, então, é especificar o que tem de particular em tal operação.

Para Lesourd (2004), essa operação contém o pubertário, porém não pode ser reduzida a ele. Ainda que a puberdade fisiológica perturbe a imagem do corpo construída na infância, tal operação psíquica não se restringe a isso. A compreensão psicanalítica do "corpo" que convoca o sujeito com irrupção da puberdade é consideravelmente diferente do entendimento do "corpo" massa bruta e imediata do campo da medicina. De acordo com esse psicanalista francês, o pubertário é um dos momentos inevitáveis em que "o real da carne" irrompe na imagem do *corpo* – consciente e inconsciente – do sujeito. Essa irrupção do real pubertário não é sem efeitos sobre o sujeito, pois isso faz que "perca" o seu *corpo*, o desarrime, ao menos temporariamente.

Do mesmo modo, Rassial (1999) afirma que as transformações pubertárias afetam a imagem do corpo de quatro modos complementares: primeiro, pela modificação de seus atributos; segundo, por seus funcionamentos; terceiro, por sua semelhança com o corpo do adulto (genitor do mesmo sexo); e quarto, por sua importância para o olhar do adolescente ou do adulto do outro sexo. Ou seja, a operação psíquica da adolescência faz que o *corpo* mude de estatuto e de valor.

Nesse sentido, o autor entende que a adolescência, iniciada pelo real pubertário, constitui-se de uma "operação puramente lógica", que independe da ordem cronológica. Essa questão – da temporalidade lógica – é abordada também por Ruffino (1993) que, de acordo com o percurso proposto por Lacan, se dá em três *tempos*: o instante de ver (a irrupção da puberdade, o jovem não sabe o que

Educação, mito e ficção

fazer com as novas exigências do outro); tempo de olhar (tempo interrogativo, tempo do exercício da adolescência); tempo de concluir (tempo de resolução da adolescência, resolução da "traumaticidade" que um dia se pôs em marcha). Por sua vez, Rassial (1997) também afirma que só é possível pensar a adolescência na psicanálise a partir das três *dimensões* definidas por Lacan: O Real (da puberdade), O Imaginário (do corpo) e O Simbólico (da lei).

O real, como proposto por Lacan, não é uma categoria que se confunde com a *realidade*. De acordo com Ruffino (1993, p. 28), "a realidade pertence à categoria da representação", portanto, uma construção *imaginária* que não equivale à categoria lacaniana do real. O autor assegura, por sua vez, que a ideia de realidade apresentada por Freud sempre designa uma realidade psíquica, ou seja, "o universo da representação"; assim, a "*Realität* freudiana corresponderá à categoria do imaginário em Lacan".

Nesse sentido, a irrupção da puberdade, momento de estranhamento, que confronta o sujeito, é considerado por Rassial (1999) como o real da puberdade, que apresenta um aspecto "catastrófico" primário, pois o real do corpo extrapola a imagem – desse corpo – previamente concebida, e a partir dessa confrontação o sujeito elaborará sua "resposta", que é nada menos do que transformar o impossível do real do corpo em possibilidade de construção subjetiva. Assim, a operação psíquica da adolescência inicia-se com "um golpe de real", constituído pela puberdade (não apenas anatomofisiológica), mas que é logo reduzida – por um lado – por uma produção imaginária.

Rassial (1999), porém, conclui que o "real" em jogo na adolescência não é tão somente o real da puberdade, mas também aquilo que afeta a "encarnação imaginária do Outro",[4] pois o tempo pubertário revela uma organização genital infantil sustentada sobre a promessa edipiana do *vir a ser*, que, na adolescência, mostra-se um logro. Com isso, é preciso haver um novo desenvolvimento *imaginário*.[5]

Para que o sujeito, contudo, realize a operação psíquica da adolescência, não é possível permanecer nessa descrença. Faz-se necessário um novo desenvolvimento imaginário, que sustente tanto a imagem de seu corpo como também a

---

[4] Outro – escrito com letra maiúscula distingue o "outro" semelhante – conceito lacaniano que designa tanto "o campo do desejo quanto do mundo em meio ao qual circula o sujeito" (Ruffino, 1993, p. 35).

[5] De acordo com Ruffino (1993, p. 27), "o imaginário é a categoria que circunscreve o que há de mais familiar no cotidiano da vida de cada um: a sua realidade psíquica imediata". Embora inclua o ilusório, não se resume a ele. Poder-se-ia considerar, de acordo com as palavras de Ruffino, que a dimensão imaginária contém tudo aquilo que "nos vem enquanto imagem [...] que corresponderá a tudo aquilo que funcionar para o homem situável na categoria de representação".

consistência do Outro, pois a adolescência constitui-se de um momento em que o "Outro está em pane de consistência imaginária", o Outro se torna incerto, pois deixa vazio o endereçamento da palavra (Rassial, 1999).

Nesse sentido, o autor afirma: "é preciso que o Outro (re)encontre um novo valor". Esse momento revela ao sujeito a necessidade de (re)apropriar-se de uma imagem do corpo transformada por um novo estatuto que fará com que a genitalidade ocupe posição dominante, já que a *pertença* a um dos sexos revela ao sujeito uma identidade.

Dessa forma, entende-se esse momento como aquele em que, por meio de uma *operação puramente lógica*, impõe-se a necessidade de dar um sentido à vida, ou de dar ao Outro uma nova consistência. Ou seja, mais do que uma simples passagem, o que está em questão é a própria *estrutura do sujeito*.

A partir de semelhantes considerações, Ruffino (1995, p. 42) conclui que "a adolescência hoje é constitutiva da subjetividade", o que a coloca em estreita relação com a ordem simbólica. O autor afirma que a adolescência não pode "residir" somente na ordem do real, pois o real a marca e sidera, mas não a põe em marcha. Pensá-la, porém, somente como parte da dimensão imaginária – mesmo que se duplique no imaginário como representação – seria reduzi-la a apenas um efeito representacional. Portanto, a adolescência é considerada por Ruffino (1993, p. 30) como "estatuto daquilo que se pode contar entre aqueles elementos por cuja existência o sujeito se produz", o que a coloca na posição compatível com a categoria lacaniana do simbólico.[6] Dessa forma, o psicanalista conclui que o impacto do real "pubertário-social", que atinge o psiquismo "sob o modo do ser bruto", ou seja, ainda não simbolizado, poderá produzir um sujeito desentendido, ou "exigirá um dispositivo simbólico – pronto na cultura, ou capaz de ser construído pelo sujeito – eficaz para simbolizá-lo" (ibidem, p. 27). E, como vimos, a "adolescência" é, atualmente, a operação que possibilita tal simbolização. Rassial (1997) afirma que essa dimensão simbólica na operação psíquica da adolescência é o lugar do Outro, lugar que fornece a identificação, a referência para que o sujeito saia do *em-si* do real pubertário. Para esse autor, a adolescência é um momento "simbolígeno",[7] pois, sendo o simbólico a chave na estrutura subjetiva, a adolescência coloca-o em questão. Mesmo que relacionada às identificações da

---

[6] Ruffino (1993, p. 27) descreve sucintamente o que pode ser considerado como participante da categoria do simbólico: "tudo aquilo que produz, determina, sustenta e altera a subjetividade humana; o conjunto daqueles elementos que, ao incidirem sobre o sujeito, se inscrevem no inconsciente [...]; aquilo que se interpõe, semelhante a um pacto em posição terceira (mediação regularizadora); aquilo que se apresenta como lei (exigente e interditora); a ordem lógica que regula os elementos e as funções descritas acima".

[7] Conceito de Françoise Dolto (cf. Rassial, 1997, p. 46).

infância do sujeito, a adolescência, na teoria psicanalítica, não é simples confirmação da infância, mas uma operação plena de valor simbólico, na medida em que se efetua uma mudança no estatuto social do sujeito. Nas palavras de Rassial (1999), na adolescência "há uma ruptura entre dois modos de existência", que põe em causa as encarnações imaginárias do Outro. Esse "pôr à prova" se dá, para o adolescente, sob uma de suas faces, na constatação "de que os pais não são fundadores, mas transmissores, já que eles próprios tiveram pais, avós, que puderam indicar um possível Outro do Outro". Ou seja, o adolescente descobre que tanto ele quanto cada um dos outros fazem parte de uma cadeia de gerações, e essa constatação desqualifica os pais, porque também estão submetidos a essa cadeia, logo, submetidos à cadeia significante.

Segundo Rassial (1997), a partir dessa desqualificação dos pais, o Outro se torna incerto (em pane de consistência imaginária), fazendo-se necessária uma (re)inscrição no laço social. Portanto, em sua dimensão simbólica, a adolescência está diretamente condicionada aos significantes sociais sob os quais o sujeito pode e deve inscrever-se. Significantes esses que têm a propriedade do simbólico, ou seja, "a de constituir em última instância a subjetividade como seu efeito" (Ruffino, 1993, p. 45).

Assim, observa-se que na psicanálise, diferente de outras áreas do conhecimento, a adolescência é lida como uma operação psíquica estritamente relacionada às práticas sociais, que independe de sua "duração cronológica", dos excessos hormonais etc. Tal concepção é muito diferente daquelas que condicionam a adolescência a uma fase ou estágio biológico ou psicológico. Entendida como um tempo em que o sujeito coloca em causa o laço social, não apenas no nível familiar, mas também no âmbito macrossocial e, especialmente, nos princípios constitutivos da sociedade, a adolescência tem seu conceito desnaturalizado e pode-se concluir que os problemas adolescentes não são somente problemas individuais determinados por alterações da *fase do desenvolvimento*, que sugeririam um mal-estar somente individual, mas que refletem também um mal-estar cultural. Em outras palavras, na medida em que o sujeito se (re)inscreve no laço social – mudando seu estatuto –, pode ter sua experiência, mas será delimitada por elementos constitutivos presentes na ordem simbólica. Por isso, "ler" a adolescência dessa forma provoca outras indagações sobre as práticas sociais, desonerando a "adolescência" do estigma da *fase* própria a determinados comportamentos.

Por meio dessa compreensão, conclui-se que o adolescente põe à prova o social não por uma rebeldia ou incoerência *naturais* da *fase* da adolescência, mas porque precisa encontrar um novo lugar – já que o lugar conhecido também foi posto à prova revelando-se uma delegação social – para efetuar sua mudança de posição, de estatuto de sujeito, o que marca a ruptura radical em dois estilos distintos de existência.

Podemos compreender que, ao deparar com as *incoerências* do discurso social, o adolescente as denuncia, o que faz que sua crítica seja colocada na instância da rebeldia. Com isso, a mudança estrutural da adolescência é mal simbolizada pelas instâncias sociais, fazendo que a adolescência torne-se uma operação solitária e estigmatizada. Rassial (1999) afirma que a ordem social não dá nenhum estatuto ao adolescente, deixando o sujeito adolescente à deriva de um desejo sem referência, confrontado com os imperativos sociais. Contudo, a partir dos pressupostos da teoria psicanalítica, pode-se ir além e concluir que a ordem social talvez ofereça ao adolescente um discurso, um lugar para a adolescência, que não o estatuto de sujeito, mas um lugar de permanência na posição *infantil* (porém, bem menos *inocente* do que o lugar atribuído à criança), recusando, imaginariamente, ao adolescente a mudança de lugar que se impõe na adolescência, por ser essa, atualmente, constitutiva da subjetividade.

capítulo 14

Adolescência e educação escolar: construções em torno de um impasse

> "É falso dizer-se: eu penso. Deveria dizer-se: sou pensado."
>
> *Arthur Rimbaud*, 1871 – aos 17 anos

De acordo com a análise realizada nos primeiros capítulos da Parte II deste livro, concluímos que o conceito de adolescência constitui-se, em grande parte, imbricado com as práticas educacionais, especialmente as escolares. Desde a apropriação das primeiras ideias da psicologia e da psicanálise (Stanley Hall, Anna Freud, Erikson e outros), adolescência e educação escolar tornaram-se interdependentes. Enquanto a "juventude" pode ser estudada e aprendida como categoria social, possibilitando considerá-la, em outros cenários sociais, além do escolar (mesmo que recentemente, como vimos, o olhar da sociologia da juventude esteja direcionado para a escola), a adolescência permaneceu, prioritariamente, relacionada à escola. Então, concluímos que a produção do atual conceito de adolescência dependeu, em grande medida, do imaginário pedagógico para se incorporar ao imaginário social. Porém, é preciso considerar que esse não é um privilégio da "adolescência"; infância e escola também são discursivamente interdependentes, pois, conforme concluiu Ariès (1986), o nascimento do sentimento de infância está relacionado com a expansão da educação escolar.

Para termos uma ideia do peso da educação na constituição do conceito de adolescência, citamos Caron (1996), que lembra como o "célebre dicionário" *Furitiere*, publicado na França em 1690, definia o adolescente: "o rapaz dos catorze aos vinte ou vinte e cinco anos"; e, de outro modo, o *Grande Dicionário Pierre Larousse*, do século XIX, que, conservando os mesmos limites de idade, definia-o nos seguintes termos: "a higiene e a educação devem preparar e fundar, de alguma maneira, a saúde física e moral do homem". Assim, podemos considerar que, além da nítida influência do discurso higienista do século XIX,[1] nessa definição

---

[1] De acordo com J. F. Costa (1983) em *Ordem médica e norma familiar*, no século XIX, a conversão dos indivíduos às normas da saúde por meio de práticas higienistas necessitou apoiar-se nas instituições (família e escola) para sua realização.

de "adolescente" marca-se a fé na educação (e também na instrução), que se estabeleceu na sociedade industrial do século XIX. Vale lembrar que o ensino secundário na França é instalado e popularizado entre 1780-1880. Então, a escola passa a ter uma dupla função: a de preservar o sujeito – nos moldes das práticas higienistas – e a de preparar para o futuro – de acordo com o modelo de maturidade compatível com as sociedades industriais contemporâneas.

O século XVIII foi marcado pela renovação pedagógica e pela ideia de onipotência da educação na modelagem do homem, e o século XIX, nos moldes europeus, pode ser considerado como um período da afirmação e do triunfo de uma escola que se encarrega da totalidade da formação nas diferentes idades da infância e da adolescência. De acordo com Caron (1996), o "triunfo" da escola como instituição privilegiada para encarregar-se da formação em sua totalidade se dá em concordância com o processo de substituição da educação familiar pela educação escolar, em um contexto de laicização da sociedade, e marca o começo da realização de um processo de multiplicação dos campos educativos que está ainda em desenvolvimento, e que visa remediar a educação familiar. Essa multiplicação de campos educativos confiados ao colégio e ao liceu estende-se até os dias de hoje e expressa-se em "programas educativos", que substituem o que antes era da competência da educação familiar, tais como: educação para o trânsito, respeito ao meio ambiente, prevenção ao uso de drogas, educação sexual etc.

Essas mudanças, quanto à finalidade da educação escolar, promoveram, simultaneamente, a conceituação da adolescência e a (re)criação de instituições apropriadas para sua preservação, instrução e educação, o que faz que a escola figure como uma instituição exemplar para o acolhimento do "adolescente".

Ainda, contudo, que a instituição escolar "recolha" os adolescentes e tenha como finalidade a totalidade de sua educação, o estabelecimento de um agrupamento por idade, que se configura na escola, reverte em uma *educação* institucionalizada que não pode substituir a educação familiar. De acordo com Mannoni (2004), as instituições de "acolhimento" para os adolescentes, especialmente a escola, estão longe de ter sempre uma vocação educativa, pois foram criadas para dar "instrução obrigatória". Nesse sentido, conclui-se que, ao mesmo tempo que a escola agrupa e "preserva" os "adolescentes", não pode dar conta de sua "educação" (idealizada em sua totalidade), pois ali o que predomina é o instrumentalismo dos programas educativos, portanto, não é o lugar para a realização de uma educação desejada em sua "totalidade".

A educação escolar pensada como "total" para os adolescentes tende a perder-se em seu objetivo, pois nessa pretensão há uma impossibilidade fundadora, porque pode não produzir os efeitos *educativos ou subjetivantes* esperados, já que é idealizada a partir de categorias etárias e de programas educativos especiais. Ou seja, é uma educação concebida por meio da instrumentalidade e da técnica.

E, quando a *educação* não produz os efeitos esperados, coloca-se em questão o método (o instrumental) para fazê-lo, apoiando-se no ideal a ser atingido, proposta da racionalidade científica. Sob esse aspecto, Souza (2002) afirma que a escolarização em sua forma mais moderna – e especialmente em nosso país – foi marcada por esforços contínuos para torná-la um campo das ciências aplicadas, ou seja, um campo no qual as práticas devem ser racionalizadas respaldadas em teorias científicas, e desde o início a psicologia assumiu para a escolarização o papel de ciência mais próxima, aquela que deveria trazer luz à razão das práticas educativas.

Nesse sentido, admitimos, uma vez mais, a consonância entre educação escolar e o "conceito" de adolescência presente no imaginário social. A dificuldade encontrada para levar adiante um projeto educacional escolar que se quer "todo" na educação dos adolescentes conduz a escola à busca da maneira mais eficaz para sua (impossível) realização. Essa demanda da escola, possivelmente, motivou a realização de muitas "investigações" e formulações teóricas sobre a adolescência a partir do ambiente escolar, gerando prescrições de práticas educacionais específicas para a educação do adolescente e a crença em um "modelo" de adolescência com base no referencial escolar. Assim, o que está colocado como demanda é *o que falta* para que essa educação se realize – nos conformes do projeto educacional em questão. Portanto, a adolescência é conceituada "cientificamente" e apreendida imaginariamente a partir de sua negatividade, daquilo que lhe *falta* e que impossibilita a realização do projeto educacional.

A separação dos sujeitos por categoria de idade, o aumento do tempo escolar e o projeto de uma educação escolar em substituição à educação familiar faz nascer, no interior da escola, a necessidade por mais conhecimento – uma explicação racional – sobre a adolescência e, conforme vimos no Capítulo 11 deste trabalho, a "ciência" que podia responder pela adolescência era a psicologia. A circularidade entre adolescência à escola, à psicologia, à adolescência constitui-se, em nosso entendimento, no cerne da apropriação de um conceito imaginário de adolescência, pois, ao mesmo tempo que prescreve práticas (psico)pedagógicas específicas para a realização do projeto educacional, justifica a permanência dos sujeitos na escola e avaliza a especificidade da idade.

Consideramos, em acordo com o pensamento de Souza (2002), que a inserção da psicologia no campo da educação atinge proporções mais amplas do que somente explicar a "adolescência". A autora conclui que a psicologia educacional motivou investigações científicas e funcionou como um filtro para a compreensão dos objetivos da educação moderna em todos os níveis de ensino. Mas, no caso da adolescência, tal inserção é o próprio fim da educação, uma vez que os fundamentos da psicologia, nomeada "ciência da adolescência", vão, aos poucos, sendo colocados no lugar da aposta na educação do adolescente.

Ao longo do século XX, tal nomeação fará que *o adolescente* seja concebido, predominantemente, por meio da ideia de desenvolvimento. A abordagem psicológica que toma conta dos discursos pedagógicos é aquela amplamente difundida sobre a existência de uma natureza no desenvolvimento da criança e do adolescente e que deve ser *respeitada* pela escola. Segundo Souza (2002), a partir dos conceitos escolanovistas sobre a centralidade do aluno no processo educativo, institui-se a crença de que há um *processo de desenvolvimento* subjacente à intervenção escolar, o que movimenta os educadores a buscarem mais conhecimentos sobre esse desenvolvimento, que está além da figura do aluno. A autora conclui que, em razão dessa crença, a visão tradicional da criança e do adolescente, como pessoas a serem educadas, é substituída pela imagem da infância e da adolescência com atributos próprios. Ou seja, há uma *natureza* que a escola pode ajudar a *desenvolver* e também características que devem ser respeitadas (para que esse desenvolvimento aconteça), e para isso, precisam ser conhecidas.

Esse projeto da racionalidade de uma educação pensada na totalidade e que para sua realização depende do conhecimento (logo, controle) sobre a natureza do sujeito mostra-se, no entanto, de difícil realização, uma vez que *conhecer* a adolescência não é tão simples, pois, no enquadramento das teorias do desenvolvimento, esse *conhecimento* coloca problemas teóricos difíceis de equacionar, que se estendem desde a cronologia (facilmente assimilável no início da "adolescência" pela visibilidade da puberdade, mas que não pode precisar o seu término) até variáveis que envolvem classe social, etnia, gênero etc. (Cf. Souza, 2002).

Como, porém, veremos a seguir, parece que o imaginário pedagógico ainda apropria-se do conceito de adolescência de modo a atribuir-lhe uma natureza universal, ignorando parte dos fundamentos das teorias das quais se apropria. Por ser conceituada dessa forma, promove, por meio da circularidade discursiva, mais descrições e categorizações "naturalizadas" e, consequentemente, mais prescrições de práticas para resolver o impasse da educação dos adolescentes, que, por sua vez, provocam mais discursos sobre o que o adolescente *não é*, e sobre o que ele *não tem*.

Ou seja, a relação entre escola e adolescência mostra-se, no discurso pedagógico, ambígua e mutuamente constitutiva. A escola "pensa" a adolescência sob a força do *conceito adolescência*, e os sujeitos adolescentes, por sua vez, colocam – cotidianamente – a escola às voltas com seus próprios impasses, provocados pela busca infrutífera da compreensão – racional/científica – de uma *adolescência* que está sendo construída precisamente nessas práticas.

Conhecer para educar: a ilusão emergente do *phatos* do novo[2]

> "Uma crise só se torna um desastre quando respondemos
> a ela com juízos pré-formados, isto é, com preconceitos."
> *Hannah Arendt*

A relação ambígua e mutuamente constitutiva da adolescência e de uma educação que quer ser específica – para aquilo que é entendido no campo pedagógico como uma "fase do desenvolvimento" – e na totalidade pode estar conduzindo os educadores à busca contínua pelo conhecimento da técnica adequada à fase (adequada) do desenvolvimento.

Fernanda, uma jovem professora do Ensino Médio, acredita que é muito importante saber sobre a adolescência (pensamentos, desejos, ações etc.), pois "tudo o que é aprendizado só acrescenta", diz ela. Seguramente, a professora está afirmando – mesmo que não se dê conta disso – uma das crenças da pedagogia moderna, independente de tratar-se da educação do adolescente ou da criança: o exercício contínuo da aprendizagem (para o novo), que é, em nosso entendimento, uma das condições de possibilidade para a constante busca por uma (nova) explicação sobre o que vem a ser a adolescência.

Nesse sentido, remetemo-nos a Hannah Arendt (1906-1975) e, mesmo considerando o tempo que nos separa de sua análise sobre o campo educacional na modernidade, no texto "A crise na educação", e também as diferenças entre a educação norte-americana analisada pela autora e a educação brasileira, podemos tecer algumas considerações sobre a crença dos professores no conhecimento do novo (para conhecer melhor a natureza dos alunos), pois é relativamente frequente no meio educacional creditar-se a ineficácia da educação na conta da "ignorância" dos professores, entendida muitas vezes como falta de renovação técnico-pedagógica.

Segundo Arendt (1992), a vida americana cotidiana apresenta, em quase todos os aspectos, um grande entusiasmo pelo que é novo, especialmente relacionado à experiência histórica norte-americana que tem como fator determinante "Uma Nova Ordem do Mundo" (*Novus Ordo Seclorum* – lema impresso em toda nota de dólar), e que se tornou decisiva ao atribuir um significado à educação, comprometendo-a com a possibilidade de fundar essa nova ordem a partir "da ilusão emergente do *pathos* do novo", o que produziu, segundo a autora, sérias consequências no campo educacional.

---

[2] "Ilusão emergente do *phatos* do novo" é uma expressão de Hannah Arendt (1992).

Uma delas é a propensão de aceitar-se, nesse campo, "servil e indiscriminadamente", as teorias mais modernas (da pedagogia e da psicologia), sob o argumento da necessidade de uma educação para o novo. Fazendo uma analogia entre a educação brasileira e a norte-americana, evidentemente considerando todas as suas diferenças, podemos observar que, em nossos meios educacionais, a emergência do novo parece ter ocorrido de modo mais dramático. De acordo com o pensamento de Souza Patto (1984), em nossa experiência histórica, o fantasma do "atraso" com relação aos novos conhecimentos fez-nos aceitar ainda mais indiscriminadamente tais teorias e transpô-las, muitas vezes sem critério algum, à prática educacional.

Seguramente, qualquer discurso que se remeta à prática educativa causa, entre os educadores, o desconforto de que há algo mais (novo) a saber. Nesse caso, saber estritamente relacionado com "conhecer" novas técnicas, novas metodologias, novas teorias, novos autores, novos fundamentos psicológicos etc., que possibilitem diminuir o "atraso" e quiçá encontrar a fórmula que dê conta do mal-estar na educação. Assim, a frase da professora Fernanda aponta uma crença no discurso pedagógico que, longe de ser produto exclusivo de sua experiência, revela uma ideia privilegiada na educação moderna; e como vimos, quando essa crença está relacionada ao suposto conhecimento que os fundamentos psicológicos podem proporcionar sobre a adolescência, além de realimentar o conceito de adolescência, também conduz a educação – que se quer na totalidade – às malhas da crendice, aceitando tudo aquilo que fantasiosamente se intitule de "nova teoria" ou "recente descoberta", com tal fé que o projeto racional de uma educação total – ele mesmo – torna-se refém de um tipo de misticismo "científico" que provoca efeitos indesejáveis no campo da educação; e para remediá-los, busca-se uma nova ilusão (uma nova "crendice científica") para apaziguar (momentaneamente) as almas (psico)pedagógicas em aflição.

Educação para a felicidade: a (in)certeza do futuro de uma ilusão

> "Se o investimento narcísico da infância, ou a ilusão da criança – esperança,
> é uma invenção sintomática do homem moderno, então não é casual que
> a pedagogia tenha passado a se articular em torno a uma tão nova como louca exigência,
> qual seja, demandar à criança que venha de fato a concretizar,
> sem resto nenhum, um ideal de completude e bem-estar existencial."
> *Leandro de Lajonquière*, 1999, p. 98

Um dos objetivos da educação para a adolescência, que é muito destacado no imaginário social, é a preparação para o futuro. Considera-se que a educação escolar bem direcionada e bem planejada, com técnicas específicas, poderia, por assim dizer, garantir o futuro. Essa é uma das máximas da educação moderna e que pode constituir-se numa ilusão, na medida em que baseia essa intenção na racionalidade que não permite o equívoco inerente a todo ato educativo.

O século XX marcou a passagem de uma educação que tinha como modelo o adulto "higiênico" para uma educação que idealiza um adulto "feliz". Assim, atualmente, o que se espera garantir com a educação é a felicidade futura. Evidentemente, essa mudança de ideal educacional pouco alterou os meios para alcançá-lo. A educação ainda é concebida como o resultado do uso adequado da instrumentalidade própria para cada *fase* da vida. Segundo César (1998), uma importante inovação, em termos de instrumentalidade educacional, marcou os anos 1960 quanto à educação dos adolescentes: "os teóricos da adolescência começaram a exigir que os pais e professores autoritários se transformassem em amigos e confidentes", pois essa seria uma das técnicas mais adequadas para evitar os *traumas* e garantir a felicidade futura. Ou, nas palavras de Lajonquière (1999), garantir um futuro adulto a quem nada falte.

Lesourd (2004) entende que, em tempos de transformações sociais nas relações de poder e transmissão cultural (a cujo teor o autor atribui uma transformação política), a educação é concebida como meio de garantir o futuro, o que coloca a educação do adolescente no centro do discurso. Assim, as transformações nessas relações promovem um maior investimento dos adultos em uma *educação* que possa garantir alcançar o ideal proposto de felicidade, para verem-se refletidos nele, pois não conseguem mais se sustentar nessas relações (não tão felizes) em transformação.

Esse ideal educacional que almeja a felicidade futura submete tanto as crianças quanto os adolescentes às diversas técnicas para alcançá-la, tais como a escolha do "brinquedo pedagógico adequado" para a criança,[3] ou a aula mais apropriada para a orientação sexual dos adolescentes. É uma crença generalizada de que o uso do instrumento adequado poderá garantir a felicidade. O apoio de tais instrumentais parece fortalecer ainda mais a ilusão de que é possível tal garantia, pois ilustram, em última instância, a existência de um adolescente (ou criança) ideal, que é a matéria-prima dessa felicidade que os adultos não possuem.

Em outras palavras, há um ideal a ser perseguido e, para atingi-lo, abre-se mão da aposta, que é o cerne de todo ato educativo. Nesse sentido, Lajonquière (1999) adverte para o fato de que renunciar à aposta na educação não significa,

---

[3] Lajonquière (1999) conclui que, quanto aos "brinquedos" para as crianças, realizam-se pesquisas a fim de que estas desenvolvam um rápido amadurecimento das "potencialidades infantis". Desse modo, "as crianças deixam de brincar em nome de uma tradição [...] e passam a fazê-lo em nome dos saberes psicológicos" (ibidem, p. 38).

Educação, mito e ficção

na atualidade, renunciar às crenças pedagógicas. De acordo com o autor, quanto mais inflacionada está a dimensão (psico)pedagógica[4] (o instrumental ideal para o adolescente ideal), mais fica comprometida a dimensão educativa. Pois os "saberes" (psico)pedagógicos trazem consigo a certeza sobre o agir humano, uma justificativa para tudo aquilo que se faz. Assim, a educação, sendo constantemente pensada a partir da condição psicológica do indivíduo, faz da adolescência um momento muito propício para ela, pois, de acordo com o discurso (psico)pedagógico, essa é uma fase que demanda muitos cuidados em sua educação, já que o futuro está muito mais próximo (do que na infância) e o ideal ainda não foi atingido, pois os adolescentes parecem "escapar" às tais prescrições, especialmente no que se refere à imagem de "seus corpos" que demonstram claramente a proximidade do futuro. O adolescente coloca para os adultos que, até agora, a felicidade esperada ainda não foi alcançada. Portanto, a cena educativa é ocupada, uma vez mais, por aquilo que "falta" ao adolescente para que ele possa atingir (futuramente) esse ideal.

Por sua vez, para a psicanálise, o ato de educar não se realiza somente por meio da funcionalidade das técnicas. Segundo Pereira (2003, p. 158), o "não-saber-o-que-fazer-com-isso é constitutivo do ato educativo",[5] na medida em que esse ato é descontínuo e não está relacionado com nenhuma certeza sobre seus efeitos. Na educação pensada como um meio para garantir a felicidade no futuro, não há espaço para o "não-saber-o-que fazer..."; os "fracassos" dessa educação, revelados pelos adolescentes, que convoca os professores a responderem em nome próprio, são logo pensados nos termos dos "comportamentos de recusa/contes-

---

[4] Lajonquière (1999) propõe a denominação (psico)pedagogia para os pedaços das várias tradições psicológicas e pedagógicas. O autor diz que o (psico) entre parênteses é uma expressão produzida a fim de marcar o atravessamento da pedagogia (que sempre foi uma reflexão mais ou menos sistemática sobre os fins e os meios da educação) "pelas ilusões próprias dos saberes psicológicos modernos. Assim, se outrora teólogos, moralistas, políticos, filósofos, humanistas, pais de família discorriam sobre as vicissitudes da educação, hoje em dia, ao contrário, os que reclamam para si a potestade de pensá-la e usufruírem de certa hegemonia são aqueles que professam um discurso psicopedagógico. Dessa forma, quem sabe sobre a educação e, portanto, fala como especialista é o (psico)pedagogo suposto hoje detentor de uma série de saberes 'psi' aplicados que possibilitariam calcular os efeitos psicodenvolvimentistas das metódicas intervenções 'educativas' colocadas em ação" (ibidem, p.29).

[5] Ato educativo: para psicanálise, o ato de educar não se realiza por meio das formalidades das técnicas, ou seja, deve ser diferenciado da pedagogia, pois esta se constitui em um "saber positivo sobre como ajustar meios de ações a fins estabelecidos *a priori*" (Kupfer, 2000, p. 23). O ato educativo é todo ato de um adulto dirigido a uma criança. "Educar é transmitir a demanda social" (Jerusalinsky, 1999). É uma mediação simbólica. Para aprofundamento nessa questão, sugerimos a leitura de *Infância e ilusão (psico)pedagógica* de Leandro de Lajonquière (1999).

tação típicos da fase" e apropriados pelo discurso (psico)pedagógico como uma nova demanda para a elaboração de uma nova "certeza" sobre a educação. De acordo com Mannoni (1977), essa impossibilidade de suportar o "não-saber" ocorre por causa da subordinação da educação à imagem de um ideal estabelecido logo de entrada pelo pedagogo e que, simultaneamente, proíbe toda e qualquer contestação desse ideal.

Segundo Lajonquière (1999), contudo, diferente do que denunciava Maud Mannoni em sua época na França,[6] a imagem de um "ideal" resulta, atualmente, na demissão do ato educativo. De acordo com esse autor, tal demissão manifesta-se na renúncia à instância educativa. Contudo, essa renúncia não é tomada como tal pelo imaginário pedagógico, mas revela-se "mascarada" nas preocupações pelos acessórios da educação escolar, tais como: afetividade, felicidade, autoestima etc. Ou seja, esses acessórios tomam o lugar da *educação* na escola e esvaziam o ato educativo.

Como veremos posteriormente, na educação do adolescente esses acessórios são tomados imaginariamente como a própria educação – a única possível. Qualquer "ação educativa" para os adolescentes é deduzida a partir disso – a partir de uma realidade exterior ao ato educativo. De acordo com Lajonquière (1999), isso decorre da crença de que tudo o que se faz na educação "deve apontar à complementação daquilo que se supõe existir como um dado psicológico". Ou seja, existiria uma "natureza" exterior ao ato educativo, que deve ser respeitada, justificando por sua existência qualquer ação. As ações, justificadas pela "natureza da adolescência", geram a impossibilidade de se alcançar o ideal e a forma de lidar com tal impossibilidade não é outra senão aquela sobre a qual refletimos ao longo deste trabalho: a busca por mais ajustes, a fim de encontrar-se a medida exata da "natureza adolescente".

Então, como algo além dessa circularidade pode advir se a "educação" se dá em nome de uma crença de que há ali (na adolescência) uma natureza e que ela deve ser adequada a uma "educação" que só tem vistas para o futuro? Como o novo pode advir de tais ações? Supomos que o novo não pode advir disso, pois o que impede o surgimento do novo é essa "educação" que condiciona o presente a um futuro pressuposto; logo, o novo nunca poderá existir, pois o futuro já está colocado antes da experiência do sujeito.

Como vimos anteriormente, é comum (e amplamente difundido), na escola, que o professor é (ou *deve* ser) o agente do novo. Mas, recorrendo uma vez mais a Hannah Arendt (1992), observamos que os agentes do novo são os alunos, pois

---

[6] De acordo com Lajonquière (1999, p. 25) "Mannoni denunciava os efeitos psíquicos nefastos do furor pedagógico que tomava conta de *l'education nationale*".

são eles os "recém-chegados" e têm como tarefa mudar o mundo. Ou seja, o mundo deve ser apresentado aos mais novos (essa apresentação significa os adultos responsabilizarem-se por ele) em referência ao passado, pois é um mundo que preexiste aos recém-chegados. Portanto, mudanças só podem ser feitas a partir do que já existe. O novo é o resultado possível da educação e não a causa. Ele somente poderá advir com referência ao passado, o solo comum a todos.

De acordo com essas ideias, concluímos que uma educação somente sustentada num pressuposto futuro não oferece – aos novos – no presente as reais possibilidades para construírem um mundo novo, pois ancorada no campo da "certeza" – sobre o que é a criança e adolescente e sobre o seu futuro – nega, em última instância, a mediação simbólica – o ato educativo – que possibilita a produção de um lugar na história – ou a construção do novo. Nesse sentido, tal negação/recusa faz que se perca o sentido ético da experiência. Mas a educação não pode se realizar em nome da técnica com vistas a um adulto feliz, pois o que a constitui é precisamente o seu sentido ético.

Por onde transita a educação escolar para os adolescentes?

No início deste texto, uma proposta foi feita aos leitores: uma viagem para refletir sobre a produção do conceito de adolescência, sem carregar na bagagem os mapas das generalizações e da universalização, tentando deixar para trás o território conhecido e substancializado de uma tão cara quanto útil naturalização da adolescência. Nesse percurso, deparamos com uma invenção humana imbricada com as práticas, mas constitutiva da subjetividade na atualidade. Entre as práticas que dão forma e que alimentam o conceito de adolescência, observamos que a educação escolar – ancorada nos fundamentos psicológicos convocados para responder pela "adolescência", afinal foram esses fundamentos mesmos que gestaram, pariram e retroalimentaram essa criatura – é a prática institucional que está mais atrelada à "adolescência". Por isso, antes de encerrarmos a viagem, perguntamos: por onde transita, atualmente, a educação escolar para os adolescentes? Ou seja, quais desdobramentos tal conceito de adolescência provoca no campo da educação?

Entendemos que a educação escolar para os adolescentes caminha por meio de duas vias principais. A primeira é uma lamentação sistemática dos professores sobre a adolescência e, como já vimos, essa lamentação movimenta os educadores na busca por mais (novos) conhecimentos sobre a adolescência, que, sem dúvida, são oriundos do campo da psicologia e do campo de uma compreensão psicologizada da psicanálise. E em decorrência, a segunda: tal lamentação promove um "falar" constante sobre a adolescência. Certo, portanto, que se fala mais *da* "adolescência" do que *sobre* a "educação para a adolescência".

Esse falar constante *sobre* a adolescência é aquilo mesmo que alimenta o discurso (psico)pedagógico e faz que os acessórios tomem conta da cena escolar. Podemos até mesmo considerar que tais acessórios (promoção da autoestima, busca pela felicidade, realização sexual etc.) são tomados como causa da educação, fortalecendo o conceito de adolescência que é capturado pelas bordas, por aquilo que lhe falta (sempre a partir de um modelo – idealizado – de um adulto feliz). Assim, a partir disso observaremos como, no campo escolar, essa educação – que se dá pelas bordas – se estrutura.

A partir de uma pesquisa[7] que teve como fonte de dados entrevistas com professores e análise de reportagens e matérias (de revistas especializadas) e livros destinados a professores de adolescentes, procuramos identificar, no discurso dos professores, quais os efeitos provocados pela apropriação do conceito de adolescência e quais "práticas" escolares são propostas a partir dessa apropriação. Encontramos então seis eixos temáticos pelos quais a palavra adolescência é referida e para os quais são propostas ações educacionais: projetos sociais, delinquência, agressividade, orientação sexual, drogas e técnicas pedagógicas/aulas. Porém, tanto em relação ao primeiro eixo (projetos sociais) quanto ao último (técnicas pedagógicas/aulas), nossa atenção não foi capturada pela presença da palavra *adolescência* nos textos analisados e nas respostas dos professores, mas pela ausência dela. Quanto aos "projetos sociais", poder-se-ia supor que essa ausência, nos textos das revistas especializadas, pode ser atribuída à categorização etária oficial,[8] mas, como vimos anteriormente, pode-se concluir que, em tais reportagens, a predominância das palavras *jovens/juventude* no lugar de *adolescência/adolescentes* é provocada pela movimentação do conceito de *adolescência*, que está mais relacionado a um "problema" do que aos projetos sociais pelos quais os "jovens" podem participar ativamente da sociedade.

Quanto às técnicas pedagógicas/de aulas para os adolescentes, concluímos que o movimento da palavra *adolescência* evoca mais a lamentação sistemática sobre a impossibilidade para ensiná-los do que a divulgação de técnicas para que isso ocorra. Sempre que se relatam experiências de ensino bem-sucedidas, o giro

---

[7] Pesquisa realizada no Programa de Pós-Graduação da Faculdade de Educação da Universidade de São Paulo (Aguiar, 2007, disponível também em: <http://www.fe.usp.br/posgrad/bancodeteses>).

[8] *Adolescente*: sujeito entre 12 e 18 anos (ECA) e *jovem* entre os 15 e 24 anos (cf. Spósito & Pesalva, 1997).

no discurso – da lamentação para a possibilidade – faz que a palavra *adolescência* seja excluída dos relatos. Nesses casos, a *palavra adolescência* é substituída por outras, tais como: jovem, aluno, garotada etc. Porém, quando se volta à lamentação, os especialistas são convidados a falar sobre a *adolescência* e (re)afirmam a impossibilidade para o ensino aos adolescentes, movimentando o conceito em torno de *tendências naturais*, que dificultam as ações dos professores.

Constatamos, no entanto, que o mesmo não ocorre quando o assunto em questão é sexualidade, drogas, delinquência ou agressividade. A palavra *adolescência* encadeia-se a essas palavras de tal forma que, mesmo quando o assunto é, por exemplo, planejamento de aulas (de Português, Matemática, História etc.), recorre-se a eles, como se somente por eles a adolescência pudesse ser "definida" e "entendida".

Adolescência é delinquência?

A palavra *delinquência* associada à adolescência apresenta-se, discursivamente, como um dado *natural* da adolescência, promovendo ações que abrangem desde o pânico dos professores pela delinquência generalizada entre os adolescentes, até campanhas de prevenção nas escolas para evitarem-se as "brigas, ameaças, depredações". Podemos ilustrar a força desse encadeamento com uma frase de uma reportagem de revista especializada para professores: "O Brasil tinha, em janeiro, quase 40 mil *adolescentes cumprindo medidas sócio-educativas* – 0,2% do total de 25 milhões de jovens brasileiros entre 12 e 18 anos". Concluímos que tal frase, certamente, não foi elaborada com o objetivo de qualificar os adolescentes como "infratores", ou de atribuir à adolescência e à delinquência o mesmo valor, tampouco está subsidiada pela classificação etária oficial, pois, de acordo com o Estatuto da Criança e do Adolescente (ECA), a adolescência compreende o período da vida que vai dos 12 aos 18 anos. O que está demarcado nessa frase (e nas outras analisadas na pesquisa) é a movimentação do conceito de *adolescência* no discurso pedagógico que categoriza a adolescência como a instância exemplar de passagem para a delinquência.

Como vimos anteriormente, um dos recortes feitos pela psicologia nascente na cena social no final do século XIX é a imagem do jovem delinquente – o apache – construído em grande parte pela imprensa e que se tornou, na época, emblema dos atos delinquenciais de toda ordem, desconsiderando-se, na criação desse mito, os problemas sociais emergentes.

Em todo caso, o que se depreende daí é a naturalidade com que o tema delinquência adolescente é inserido no discurso pedagógico e social. Isso é digno de nota, especialmente num país que está repleto de atos delinquenciais de todos os tipos, em todas as camadas sociais e em todas as faixas etárias. Como bem afirmou Steiberg (2002): "a delinqüência não se inscreve ao sujeito como uma estrutura independente da ordem social na qual ele está inserido", portanto, não parece algo típico da adolescência, como referido pelos professores e pelos autores das reportagens analisadas. Nas palavras muito bem colocadas de Jerusalinsky (1999, p. 83): "a delinqüência mostra o fracasso da nação precisamente porque ali se legitima o salve-se quem puder. Delinqüência que se legitima evidentemente não na delinqüência pobre, mas na corrupção generalizada. É assim que o adolescente é convocado a responder".

O mesmo pode ser observado quanto ao encadeamento da palavra *agressividade* à palavra *adolescência*. A adolescência é descrita como o momento propício para as manifestações agressivas. É quando a agressividade assume um caráter irreversível, portanto uma fase final para a formação da "personalidade". Nesses encadeamentos (adolescência – delinquência – adolescência – agressividade) evidencia-se um adolescente "forte" o suficiente para intimidar a sociedade, fazendo girar o conceito de *adolescência* em torno da impotência dos adultos para lidar com o "problema da adolescência", motivando mais lamentações sobre as dificuldades dessa "fase".

Os professores e sua responsabilidade pela adolescência e pelas drogas "das" escolas

Enquanto, de um lado, os adolescentes são tomados como intimidadores e fortes na delinquência e na agressividade, de outro, quando a palavra *adolescência* é encadeada à palavra "drogas" observamos que o discurso se movimenta em torno da "fragilidade" do adolescente. Ou seja, esse giro discursivo transforma aquele sujeito aterrorizador num ser totalmente suscetível às "influências externas" e para o qual são necessárias campanhas de prevenção que garantam aos professores (se antes, na agressividade e delinquência, eram impotentes, agora são onipotentes) desenvolverem "a autoestima" dos seus alunos, para que os adolescentes possam resistir às drogas. Nas reportagens analisadas na pesquisa, não se questionam as "influências externas" (a oferta da droga nas escolas), mas a *fragilidade* do adolescente. Em torno dessa "baixa autoestima" e dos "problemas familiares", realizam-se campanhas objetivando, em última instância, garantir a felicidade futura do adolescente. Sob esse aspecto, a intervenção da psicologia da adolescência no campo escolar mostra-se ainda mais incisiva, pois, quase sempre, as campanhas de prevenção são idealizadas a partir dos fundamentos da psicologia, e não é difícil perceber a aplicação de suas técnicas (oriundas da clínica)

Educação, mito e ficção

na sala de aula. Os professores passam então a receber todo o tipo de instrução psicológica para lidar com o problema e para fortalecer os adolescentes.[9]

Percebe-se, nessas reportagens e matérias, que o debate sobre a questão das drogas nas escolas envolve todos na comunidade escolar: professores, pais, alunos, e que todas as escolas ouvidas para a produção de tais matérias reconhecem a presença das drogas no "universo escolar". Nesse sentido, trata-se o usuário de drogas (o adolescente) como vítima ou doente e não como infrator, o que motiva diversas considerações em torno do melhor modo de conduzir a questão, pois "é necessário reconhecer a fragilidade do outro" (o adolescente) e opta-se por medidas alternativas – caso "o adolescente seja flagrado com drogas" –, por exemplo, dando-lhes trabalhos escolares como forma de punição e responsabilização pelos seus atos. Mas, se são vítimas/doentes, como puni-los e responsabilizá-los? Essa parece ser uma questão difícil de equacionar no âmbito escolar. Então, uma vez mais, os especialistas são convocados.

A maioria dos especialistas (psicólogos) sugere que é preciso que a escola "trabalhe" com o adolescente drogadito e o trabalho sugerido é: fortalecer a autoestima, desenvolver valores, desenvolver atitudes e comportamentos adequados a uma vida individual e coletiva saudável, aumentar o respeito por si e pelo outro, ampliar a autonomia pessoal e institucional, preparar-se para a democracia e cidadania, aumentar a tolerância à adversidade e estabelecer relações solidárias. Percebe-se que é um "trabalho" e tanto, movimentado em torno de um conceito de adolescência estritamente vinculado à drogadição.

Ao sugerir, porém, tal trabalho, os especialistas recomendam que as atividades tenham como suporte metodologias especiais e que o professor deve ter postura segura: "use dinâmicas de grupo e atividades com perguntas do tipo: o que leva (alguém) a consumir drogas?", mas lembre-se: "a informação não é tão importante quanto a condição social e afetiva do aluno", portanto, mais psicologia da adolescência para entender a condição afetiva do aluno, já que a social sequer é questionada nessas reportagens.

Evidentemente não estamos afirmando que a informação sobre os efeitos e as consequências do uso de drogas não sejam importantes e entendemos que

---

[9] Recomenda-se abordar o assunto – drogas – de um modo afetivo, pois "se o aluno gosta do professor, se sente seguro, tem mais chance de largar a droga". Mas responsabilizar o professor pelo fato de o aluno não gostar dele é a maneira "afetiva" de tratar desse tema? Em nosso entendimento, nessa questão o professor está tão exposto a esse problema (social) quanto o aluno e os fundamentos da psicologia, tomados dessa forma, além de desviar o foco do centro da questão ainda responsabiliza o professor por meio de um afeto que está no âmbito do "gostar" (ou não). Talvez afeto tenha mais a ver com "afetar", provocar, marcar, do que com o (des)gostar – quase sempre oscilante – que permeia os vínculos entre professores e alunos.

deve haver realmente um lugar para isso no campo da educação escolar. É leal para com eles (os adolescentes) a advertência sobre os efeitos produzidos pelo uso de drogas e possivelmente grande parte desses adolescentes seja levada a refletir sobre isso antes de se engajar no consumo de substâncias tão radicais (Melman, 1999). Porém, adverti-los sobre os efeitos não é almejar que professores transformem suas aulas em clínicas psicológicas a fim de tornarem seus alunos suficientemente fortes (em suas capacidades psicológicas: autoestima, autoconhecimento etc.) para resistirem à oferta.

A questão é: tanto se fala da propensão adolescente à drogadição, em consequência de sua (reduzida) autoestima e de sua fragilidade (componentes de um conceito), que se esquece de questionar a "presença das drogas em todas as escolas ouvidas nas reportagens". O discurso para a tendência natural do adolescente ao consumo de drogas está inserido tão naturalmente no imaginário pedagógico, que o assunto "drogas" circula em torno da fragilidade do adolescente.

De acordo com Cordeiro (1999), há uma carga sombria de significações que a palavra *droga* engata, e podemos dizer que, na educação, essa carga sombria engata o conceito de *adolescência* e a questão da prevenção, e essa, por sua vez, remete ao professor como aquele que poderá exterminar a "peste" que se espalha por nossas escolas, por meio de atividades psicologizadas que, a seu tempo, alimentam o discurso sobre a *tendência natural* da adolescência como um momento ótimo para a drogadição e, consequentemente, para a prevenção.

Nesse encadeamento é mesmo o professor o ator principal desse drama escolar (a prevenção) causado pela "droga", é ele mesmo que tem de se haver entre "políticas de redução de danos" ou terrorismo "pseudocientífico"; é ele mesmo que precisa, simultaneamente, "prevenir" e dar às drogas um estatuto onipotente, pois somente podem, talvez, ser combatidas mediante a mudança na "autoestima" do sujeito, tarefa essa que o professor mesmo tem que realizar. Do contrário, ainda que o professor reconheça, por meio de pressupostos psicológicos, que o "adolescente é um ser propenso ao uso de drogas" e que, quanto mais cedo ele usar, pior, ele (o professor) pode ser apontado como o *culpado* por essa drogadição, pois não fez o que poderia fazer: não estabeleceu com seu (e por seu) aluno metas *definidas* para o futuro ou não propiciou o "gostar" dos adolescentes (para com o professor) e isso pode fazer que esse aluno se torne um usuário de drogas.

E, no fim das contas, é ele mesmo, o professor, que fala sobre a adolescência e não sobre as drogas nas revistas especializadas. A voz dessas reportagens não é outra senão a do professor, que tanto fala em prevenção que acaba intoxicado pela palavra. É ele que propõe os remédios provisórios – as técnicas – para que o sujeito frágil-adolescente resista à "tentação" da inquestionável oferta.

Como disse Maud Mannoni (1977, p. 48), "é impossível continuar a propor remédios improvisados e provisórios naqueles casos em que as próprias estruturas é que teriam necessidade de ser radicalmente questionadas". No caso da prevenção e uso das drogas nas escolas isso foi mais ou menos o que disse uma diretora de escola pública (condição "pública" muito bem marcada na reportagem): "quando há flagrante de uso não expulsamos, expulsar não resolve o problema, mesmo porque nós temos muitos casos e teríamos de expulsar todos". Então deixamos como está e "trabalhemos a autoestima". Perigosa crendice "científica".

Enfim, será esse o momento para que os professores, por meio das revistas especializadas, comecem a inserir o debate sobre a oferta de drogas na sociedade e não simplesmente sobre a "propensão" para o seu consumo entre os alunos? Ou continuaremos a propor remédios (drogas?) improvisados e provisórios? Mesmo porque, ao que parece, o sujeito humano sempre "fugirá" das análises e intervenções dos ditos especialistas em comportamento. O resultado desses programas de prevenção nunca será o esperado. Talvez os *corpos* não sejam tão *dóceis* quanto almeja a prática (psico)pedagógica da prevenção, com base na certeza sobre o adolescente.

Cabe-nos questionar a oferta sociocultural da "droga", pois, como bem apontou Jerusalinsky (1999), em concordância com as conclusões de Charles Melman: "no fim das contas, a droga constitui uma representação de um mito fundador da nossa cultura industrial: o objeto total". Tal objeto rouba a cena no cotidiano escolar, tornando-se persecutório, na medida em que sua existência parece necessária para "intermediar" a *relação* educacional, pensada racionalmente para garantir um futuro "saudável e feliz".

De acordo com Melman (1999), atualmente a droga "não parece mais um produto patológico ou anormal", pois inserida que está no processo de consumo, há, ao que parece, em nossa cultura, uma espécie de normalização implícita das drogas que exige práticas educacionais para fazer resistir à sua oferta, tomada como inquestionável. Nesse sentido, com Charles Melman, entendemos que isso torna as objeções ao seu uso particularmente difíceis, porque a drogadição (juntamente com a delinquência e o alcoolismo) apresenta-se atualmente como uma das novas formas de gozo, centrado no objeto (adequado), que viria a satisfazer todas as necessidades, o que seria tão perfeito que resolveria os impasses do desejo.

Adolescência e sexualidade: eles só pensam "naquilo"?

> "Qualquer um que prometa à humanidade livrá-la das provocações do sexo será acolhido como herói e hão de deixá-lo falar – seja qual fora a asneira que ele diga."
>
> *Sigmund Freud*

E, finalmente, a palavra *sexualidade*, que é encadeada com o conceito de *adolescência* muito fortemente. A fim de ilustrar essa afirmação, tomemos a palavra "sexualidade" pronunciada num âmbito geral: dificilmente seria encadeada à palavra adolescência. Contudo, no sentido contrário, a palavra adolescência sempre encadeia "sexualidade", e esta última muda de significado quando isso acontece e passa a significar, por exemplo, descoberta, imaturidade, gravidez precoce, prevenção às DST etc.

No discurso pedagógico, tal encadeamento expressa-se, com frequência, intermediado pela "orientação sexual" que é tomada como uma nobre função dos professores, que devem, por assim dizer, dar conta de mudar as alarmantes estatísticas sobre o *contágio* dos adolescentes por doenças sexualmente transmissíveis e sobre as gestações indesejadas. Nesse sentido, a prevenção também se faz presente como uma mediadora entre aquilo que o adolescente é e aquilo que se deseja que ele seja. No discurso pedagógico sobre a adolescência, a promoção da felicidade futura passa, necessariamente, pela orientação sexual, e a psicologia apresenta-se à educação tanto para explicar o que está acontecendo com os adolescentes quanto para propor técnicas para aulas mais eficazes.

Entre as principais técnicas recomendadas aos professores está a fala. Parece que o importante é promover a "fala" dos adolescentes sobre sua sexualidade, pois, imaginariamente, isso garantiria ao professor "fazer alguma coisa pela sexualidade humana".[10] O campo da "orientação sexual" relacionado a sexualidade e adolescência é um terreno fértil para as mais variadas prescrições, desde aquelas "restritas" ao campo da biologia à "promoção da felicidade por meio da sexualidade humana". No caso, conforme o que analisamos a partir da coleta de dados na pesquisa já citada, a tal sexualidade humana, na adolescência, é algo que estabeleça qualquer interface entre relação sexual e prevenção.

Em um Fórum Monitorado promovido por uma dessas revistas especializadas, um professor escreveu: "a orientação sexual – como disciplina transversal, determinada pelos PCNs – está no limbo". Considerando que *limbo* significa pre-

---

[10] Frase de uma "educadora sexual" expressa em uma das reportagens sobre orientação sexual.

cisamente "um estado de indecisão, incerteza, indefinição", ou ainda, "um depósito de coisas inúteis", ou, como primeira definição: a morada (no cristianismo) das almas que ainda não foram redimidas (pelo batismo) do pecado original (*Dicionário Houaiss*), essa é a melhor palavra que designa, atualmente, a condição dessa tal "orientação sexual" no discurso pedagógico.

A circulação da palavra *adolescência*, nesse discurso, assume a dimensão exata da definição anterior: "almas que precisam ser redimidas", talvez não de um pecado original no sentido religioso, mas de um "pecado" que se encontra mesmo em seus corpos, tomados por hormônios "enfurecidos", que tornariam os adolescentes suscetíveis às práticas sexuais "precoces" e "irresponsáveis". Frases como: "hormônios em ebulição", "a puberdade inaugura um período de efervescência hormonal" e seus sinônimos são relativamente comuns no discurso pedagógico.

O que parece proposto no discurso pedagógico é que, para os adolescentes, nada mais é íntimo, parece possível falar sobre tudo, sem nenhuma barreira, não são permitidos os "tabus", é preciso que os adolescentes falem sobre sua sexualidade e sobre seus corpos; sobre o que acontece com a "menina naqueles dias" e nos outros dias também; o que acontece com o menino e, especialmente, o que acontece entre ambos.

Mesmo não permitidos, os "tabus" relacionados à sexualidade são reconhecidos e numa das reportagens o que se pede expressamente é: "derrube os tabus" (deixe a vergonha de lado na hora de levar a prevenção da Aids para a sala de aula). Como derrubá-los? De acordo com a reportagem, é possível fazer isso por meio dos cursos de capacitação, como bem explicado por uma professora entrevistada: "depois da capacitação ficou mais fácil". Fato também abordado em outra reportagem "pudor obsceno", "(orientação sexual nas escolas continua sendo tabu, enquanto aumenta a sexualidade precoce dos adolescentes)"; é dito claramente nessa matéria, entre outras coisas, que a escola é "um dos locais mais citados pelos adolescentes como espaço propício para falar do assunto (sexualidade)", enquanto os professores não parecem estar preparados para assumir esse papel (preventivo): "segundo a especialista (pesquisadora da Unesco), um dos maiores problemas é o despreparo dos professores em lidar com o assunto. Mesmo sem querer, transmitem seus preconceitos aos jovens e se limitam a falar de sexo apenas como atividade reprodutiva...". Ou, em outras palavras, "vencer" os tabus depende, em grande parte, da preparação dos professores, por meio, especialmente, de cursos de capacitação etc.

O que se chama de preconceito não parece condizer com a sua definição clássica: "ter ideias ou opiniões desfavoráveis a um assunto sem exame crítico", e sim, parece referir-se a algo da ordem da subjetividade desse professor, cujos efeitos (subjetivos) atravessam sua prática pedagógica e a sobredeterminam.

Indagamos, portanto: que tipo de pedido esse discurso – da necessidade de capacitação para orientação sexual – dirige aos professores de adolescentes? Seria aquele mesmo de que somente é possível agir no campo da certeza, no campo de uma educação racionalista que responde – racionalmente – "que derruba os tabus", por meio de cursos de capacitação? Esse mesmo discurso, por acaso, interpreta as resistências em não fazê-lo como um preconceito?

Nesse sentido, refletimos até que ponto é possível tal "assepsia" sem jogar a tal orientação sexual e, por extensão, a sexualidade "adolescente" no *limbo*. Parece-nos que esse discurso expressa que o professor somente estará apto a fazer a tal orientação a partir de uma "anulação" de suas próprias questões sexuais. Muitos professores, talvez, se disponham a fazê-la, buscando as técnicas certas, por meio das sugestões dos especialistas convidados (leia-se autorizados) pelos professores a opinarem nas reportagens das revistas. Essa é a proposição de uma educação racionalista que não pode sustentar as diferenças que a prática pedagógica abarca, ou seja, a singularidade. Em todo caso, as coisas se dão dessa forma porque, além de se objetivar por informações "técnicas" sobre a prevenção das práticas sexuais dos adolescentes e de "não falar de sexo apenas como uma atividade reprodutiva", espera-se algo mais, ou como escreveu uma "educadora sexual" em um artigo sobre esse tema em uma revista especializada para professores: "nesse processo (educação sexual), ganham você (professor), os alunos, a escola e as gerações futuras", e tem mais: "tenha uma certeza (professor): é urgente fazer alguma coisa pela sexualidade humana". Ou seja, a sexualidade humana está nas mãos dos responsáveis pela educação sexual (os professores), portanto, não se trata tão somente de informação (prevenção), deseja-se, em suma, garantir uma vida prazerosa para as gerações futuras.

A partir disso, perguntamos: como esse professor atua na sala de aula, com tão grande responsabilidade em mãos e ainda tendo como "aprendizes" adolescentes que estão com *hormônios em ebulição*? A resposta está clara no discurso pedagógico: o professor deve aprender a fazê-los falar. Não de qualquer jeito, em qualquer lugar, mas com técnicas adequadas. Podem ser usadas as mais diferentes técnicas, desde que possibilitem a "fala" dos adolescentes sobre a sexualidade.

Para se ter uma ideia da importância atribuída à fala dos adolescentes no quesito orientação sexual, em uma das reportagens afirma-se, a partir da pesquisa de uma indústria farmacêutica, que "falar de sexo melhora o nível de conscientização dos jovens e muda atitudes de risco"; o tema da matéria é "sexo falado". Em outra, contempla-se o assunto com indicações ainda mais objetivas de técnicas para as aulas: "eles querem falar de sexo", na qual se orienta o professor quanto à forma de se abordar o assunto nos diferentes níveis de ensino, especialmente referindo-se à prevenção (DST, Aids e gravidez); nessa reportagem, afirma-se que o "futuro está em suas mãos" (do professor) e sugerem-se cursos

Educação, mito e ficção

de capacitação para aqueles que não se sentem à vontade para lidar com o tema. E, indo além de qualquer racionalidade, sugere-se que o baixo rendimento escolar pode estar associado com as manifestações da sexualidade.[11] Diz-se que é importante aproveitarem-se os momentos críticos (gravidez de uma aluna, quando um aluno se masturba na sala de aula, quando o namoro fica mais quente no pátio) para abordar o tema na escola. Na "orientação sexual" trata-se da questão das drogas e das doenças sexualmente transmissíveis e, evidentemente, da Aids, e uma das entrevistadas declara: "Falar do assunto à exaustão é a única forma de educar para a prevenção e vencer preconceitos".

A questão da orientação sexual parece concentrar-se mesmo no "falar". Porém, como dito anteriormente, não se trata de um "falar" qualquer – uma *coisa aleatória* –, há alguns preceitos racionais (psicológicos) para fazê-lo e neles estão inclusos (evidentemente) aqueles que se referem ao uso da linguagem. Falar a língua dos adolescentes parece ser um dos pré-requisitos para orientação sexual.

Assim, percebe-se a ambiguidade nas técnicas sugeridas para a orientação sexual, uma vez que em determinados momentos solicita-se o uso de "termos técnicos" – uma abordagem asséptica –, em outros, que se fale "a língua dos adolescentes". O que, afinal, o professor espera com a orientação sexual para os adolescentes? Supomos que não importam os meios, o que realmente faz diferença é provocar "a fala" dos adolescentes a respeito da (sua) sexualidade.

Nesse sentido, faz-se necessária uma observação: podemos entender que a "fala", como "técnica do método psicanalítico", incorporou-se, em certa medida, imaginariamente com algum privilégio, no sentido de que, pela "fala", ajuda-se as pessoas. Assim, privilegiar a "fala" dos adolescentes sobre sua sexualidade pode estar sendo tomado imaginariamente como a maneira exemplar para ajudá-los. Mas, se a "intenção" for ajudar os adolescentes, é porque supõe-se que precisam de ajuda para se haver com sua sexualidade e, se assim for, uma outra questão emerge: em qual outro "grupo etário" as pessoas falam sobre sua sexualidade em local público como a sala de aula? Podemos concluir que condicionar as aulas de orientação sexual às técnicas psicológicas pode configurar tal prática escolar em mais uma ficção nos meios educacionais.

Além disso, é preciso considerar que, nas escolas, fala-se muito *sobre* sexualidade, mas "diz-se" muito pouco. As aulas de orientação sexual não tratam (e nem poderiam tratar) de "atividades terapêuticas", existem até recomendações expressas no sentido de que essas aulas não assumam um caráter terapêutico: "mostre-se disponível sem assumir o papel de terapeuta". Trata-se de outra coisa.

---

[11] Justificar o "baixo rendimento" escolar por meio da manifestação da sexualidade parece ser bem confortável para a escola, uma vez que resolver ou atenuar o problema do baixo rendimento seria uma questão de ajuste nas aulas de orientação sexual.

Essas *aulas* estão, imaginariamente, em uma instância intermediária entre o ensino escolar e a promoção da felicidade, seja pela via do autoconhecimento, do acréscimo da autoestima, seja ao dar oportunidade aos adolescentes de falar sobre (sua) sexualidade por meio de qualquer argumento.

Mesmo, no entanto, que o recurso utilizado seja primordialmente o da fala, a liberação dessa "fala" diz muito pouco a respeito de uma "liberação" – quebra de "tabus" – de fato, pois, conforme muito bem assinalou Estrada (1999, p. 179), "entre outras 'conquistas', obtivemos a liberação da fala, só para vê-la, hoje – ou melhor, ouvi-la – esvaziada, muitas vezes, de sua significação: desfalecida, desfalicizada".

Como bem sabemos, os adolescentes utilizam "linguagem própria" para dizerem sobre sua sexualidade, e isso não significa trocar em miúdos os termos técnicos, como sugere-se que façam os professores. Entre eles (os adolescentes) haverá palavras de "duplo sentido" falando de sexualidade e que, definitivamente, não farão parte de seu repertório nas aulas de orientação sexual, porque se fizerem, logo serão trocadas em "miúdos", ou pelos termos técnicos pertinentes. Mesmo que os professores "os façam deitar em almofadas e coloquem música suave ao fundo", sobre sua "sexualidade" eles falarão (até mesmo com seus professores) de outros modos. Dirão sobre ela não com palavras técnicas ou traduzidas, mas com os olhares que lançarão ao Outro, buscando sua consistência. E, quando assim o fizerem, talvez encontrem nesse lugar a indiferença imposta pelo discurso científico que tem uma resposta para tudo, especialmente para a sua sexualidade, que deve ser entendida como "ato de reprodução" ou como "garantia de sua felicidade futura", conforme a abordagem "científica" que se faz. E, nesse sentido, faz pouca diferença se a referência é a biologia ou a psicologia. O que se diz sobre a sexualidade do adolescente e, especialmente, para o adolescente, parece carecer, sempre, de uma mediação "científica", de um ideal racional.

Nesse sentido, cabe uma nova indagação: se tanto informam-se os adolescentes sobre a prevenção das doenças sexualmente transmissíveis, sobre Aids, gravidez precoce etc., por que o discurso pedagógico sempre se volta às estatísticas alarmantes que denunciam o aumento da irresponsabilidade do adolescente, engrossando as fileiras das maternidades e dos hospitais, com suas doenças e gestações desencadeadas pela falta de proteção? Por que tal discurso diz que está dando certo para quem tem informação *"pesquisas indicam que o jovem que recebe educação sexual na escola adia a sua primeira vez, ou, pelo menos, faz de forma consciente"* e, simultaneamente, diz que cresce o número de "sexualidade precoce – e irresponsável – dos adolescentes"? O que revelam tais informações?

Poder-se-ia supor que elas expressam uma contradição, na medida em que as informações são desencontradas. Manipulação estatística? Falsificações numéricas? É possível. Mas também é possível que esse discurso talvez revele uma "ineficácia" nas "aulas" de orientação sexual, o que provoca mais difusão de técnicas para torná-las eficazes. Portanto, antes de revelar um desencontro, tais informações revelam a necessidade mesma de recorrência discursiva que alimenta o conceito de *adolescência* no imaginário pedagógico. Parece-nos haver, aí, um "gozo discursivo", apoiado em estatísticas que confirmam o que já se "sabe" sobre a sexualidade adolescente. O discurso pedagógico sobre a sexualidade adolescente é tão recorrente que não importa se as estatísticas mostram aumento ou diminuição na "consciência" do adolescente; o que realmente parece fazer diferença é falar sobre a sexualidade na (da) adolescência. Usa-se qualquer tipo de argumentos, estatísticos, médicos, farmacêuticos, psicológicos, folclóricos, pedagógicos, não importam os meios. O que parece ser insuportável é a falta que o falar sobre a tal "sexualidade", por meio de uma técnica própria, faz no imaginário pedagógico. É preciso preencher, por meio da técnica, o vazio que se estabelece na educação do adolescente quando esse discurso se desinflaciona. Como fazer para dar conta dessa falta? Buscamos novas estatísticas – alarmantes – para preenchê-la, e isso faz girar o discurso, coloca em movimento, alimenta o conceito de *adolescência*.

Como foi muito bem expresso por um professor de matemática do Ensino Médio: "eu não faço nenhum trabalho de orientação sexual que seja assim forçado (mas faz algum), então [...] na minha aula de matemática, se eu tiver que falar de sexo, eu vou falar de sexo, eu vou falar de sexualidade, eu vou falar de sexo". Se não fosse pela orientação sexual, o professor poderia falar de "sexo" na escola?

E o adolescente? Pode falar de sexo na escola, se não for pela via da orientação sexual? Ou melhor, o adolescente pode *falar* na escola? Pode *falar* prescindindo do anteparo das técnicas utilizadas nas aulas de orientação sexual?

De outro modo, poder-se-ia argumentar que possibilitar "a fala" aos adolescentes, por meio da técnica, marca um reconhecimento de sua sexualidade, de forma que possam também reconhecê-la e, a partir disso, implicar-se com ela. Porém, parece-nos que essa prática não produz outra marca senão aquela mesma de manter o adolescente numa posição infantil, num "só depois", numa promessa de futuro.

Em uma reportagem cujo título é curioso e asséptico: "namorar sem riscos", sugerem-se atividades a partir de um pôster (brinde da revista) para ensinar orientação sexual. Orienta-se o professor para iniciar suas atividades promovendo reflexões acerca das diferenças entre a puberdade e a adolescência, enfatizando que a puberdade possibilita a "capacidade sexual do organismo humano", mas "o adolescente ainda é muito imaturo para o exercício pleno da sexualidade"; então, orienta-se para que o professor comente a estatística (uma triste realidade nacional) sobre as consequências da gravidez indesejada. Ou, em outras palavras, ensine-os sobre a possibilidade que têm de "reproduzirem-se", ensine-os a prevenirem-se e diga claramente que "eles não estão (psicologicamente) maduros" para tudo o que acabaram de aprender. Esse discurso, visto dessa forma, parece tão incoerente e tão irracional, que queremos acreditar que as coisas se passem de outro modo na sala de aula.

A gravidez na adolescência é um tema frequente nas reportagens das revistas e nas entrevistas com professores. As estatísticas sempre lembram a todos a "vergonha nacional". Algo precisa ser feito. E, ao que tudo indica, os professores estão dispostos a fazer a sua parte; fato constatado nas revistas e também observado no Fórum Monitorado, já citado neste capítulo. Nesse espaço, os professores relatam suas experiências "de prevenção" em várias cidades do país. O debate é intermediado por uma psicóloga que "parabeniza" ou "recrimina" os professores, dependendo de suas posições favoráveis ou contrárias à orientação sexual nas escolas.

Sendo assim, o que acontece? A referida orientação sexual não está conseguindo segurar "os desenfreados hormônios sexuais" dos adolescentes? Nesse sentido, Tavares (1997, p. 130) esclarece a questão: "sabemos, com a psicanálise, que não há gravidez que escape à linguagem do desejo inconsciente"; portanto, seria um tanto quanto ingênuo supor que as estatísticas que mostram que o aumento dos casos de gravidez precoce ocorre somente por "falta de informação", ou porque os adolescentes ficaram à mercê de seus hormônios.

A pesquisa de Tavares (1997, p. 121) revela que as gravidezes dessas adolescentes constitui uma demanda de simbolização. Não há, de acordo com a autora, falta de informação no discurso social – fato revelado em sua pesquisa com adolescentes –, e sim uma impossibilidade de dizer aos adolescentes o que é ser um homem ou uma mulher, qual é o seu lugar na cadeia das gerações.

Saber dessa impossibilidade não significa que os professores devam correr em busca de novas técnicas que deem conta dela. Mas, talvez, reconhecer que aquilo que está no campo do simbólico não pode ser evitado com "vacinas de última geração" (leia-se educação sexual) – como dito pela autora.

É possível inferir que tal "prevenção" não dê os resultados esperados porque, como dissemos, o sujeito sempre mostrará sua fugacidade nas análises e intervenções. É possível ainda supor que "a fala" dirigida aos adolescentes e que os coloca em quarentena faz um "efeito" contrário ao esperado, pois "prevenir-se" seria escapar ao imperativo da quarentena; portanto, nada mais resta além do agir sexual por impulso. Planejar (leia-se prevenir) quebraria o pacto discursivo da quarentena (quanto ao agir sexual), do tempo de espera adolescente. Prevenir-se, no caso, representaria sair desse lugar de "passagem", indefinido, de suspensão temporária, que, como lembrou Fleig (1999), é o significado mesmo do "limbo", a partir do imaginário religioso medieval. Assim, sair desse lugar e "prevenir-se" implicaria, por assim dizer, em "vagar sem lugar", pois, contagiado que está com o "vírus" dos hormônios efervescentes, não encontra, no discurso social, o Outro que o reconheça como parte da "cadeia simbólica de uma geração".

Essa é, também, a perspectiva de análise de Lesourd (2004), ao comparar a "liberdade sexual" – que parece ser o imperativo dirigido ao adolescente – com um não reconhecimento do seu lugar social, pois, apesar de uma atribuição imaginária de possibilidade ao agir sexual – por meio do ensino de práticas preventivas –, o que se faz é recusar uma mudança de lugar, que se imporia pelo acesso à sexualidade adulta.

Para Lesourd (2004), esse adiamento, no reconhecimento do papel adulto, adia o ato, constituindo-se, assim, em uma nova "latência" – a latência adolescente –, um desdobramento da latência edipiana para o sujeito pós-pubertário. Assim, o sujeito transforma sua experiência sexual em agir impulsivo, que não é uma *passagem ao ato*, mas a criação na realidade de um objeto que o possibilite mudar o "*status* do seu fazer", sair da ascendência do desejo do Outro, uma tentativa para separar-se do Outro desejante, que por sua vez, possibilita ao sujeito fazer laço – incompleto – com o outro.

Com isso, percebe-se que a tal orientação sexual, tão corriqueira no discurso pedagógico, se presta, entre outras coisas, a infantilizar o sujeito que já não está mais no tempo da infância, já que a adolescência, como vimos, é atualmente constitutiva da subjetividade. Nesse sentido, podemos entender que essa "infantilização" pode constituir-se no sintoma anunciado pelo esvaziamento da palavra do Outro, pois o "discurso científico" – expresso no ideal de uma educação racional – não pode mesmo responder ao que se dispõe: o caráter errático da sexualidade humana.

capítulo 15

Considerações

Por duvidar de verdades universais e conceituais, no início deste livro foi proposta uma viagem para olhar para a construção de um conceito e para suas implicações no campo educacional. E, por continuar duvidando, não podemos estabelecer uma conclusão definitiva.

Por tudo o que vimos nesse percurso, levaremos como "recordação" dessa breve viagem: a desconfiança. Tal desconfiança, antes de se constituir em um elemento de consenso sobre as (in)verdades do campo da educação, conduziu – e continuará conduzindo-nos – à problematização. Problematizar aquilo que está dado como verdade por meio de seus limites e regularidades. Esse estilo de pensamento, ancorado nos pressupostos da filosofia de Michel Foucault, promoveu a relação da problematização apresentada – o conceito de adolescência – como elemento de artifício ou ficção constitutivos desta verdade conceitual. Rajchman (1994) define tal elemento de ficção: "não é o oposto da verdade, mas antes, um modo de mostrar ou tornar visíveis as condições de possibilidade de dizer coisas verdadeiras e o que significa delas partir", ou seja, parte-se de um princípio de que o sujeito não é dado, mas um sujeito em construção: "tem sempre que ainda ser inventado".

A compreensão de que são as formações de saber e poder – utilizando termos estritamente foucaultianos – que ajudam a fazer de nós mesmos quem somos e que tais formações nunca podem ser apreendidas pela interpretação, mas pelas práticas, conduziu a não restrição de nosso percurso às meras interpretações de sentidos, significações e representações, mas às intensidades, recorrências, os jogos, as correlações de força, ao que sobressai, às instabilidades, para vermos configurado uma espécie de "caleidoscópio discursivo" (Ribeiro, 2007) que constituiu e continua constituindo o conceito de adolescência, sustentado pelas práticas.

Para traçar o nosso percurso – a viagem – transitamos por dois campos que afirmam que a questão da linguagem tem a ver com a questão da verdade. Entre as principais referências da filosofia foucaultiana está o sujeito em sua experiência com a verdade. Diferente da tradição da filosofia moderna que se preocupou com a analítica da verdade, Foucault não concebeu a verdade como única e idêntica em toda parte, situando o problema da verdade – filosófica e historicamente – no âmbito da constituição da subjetividade. Na psicanálise, Jacques Lacan criou, em torno de sua "releitura" dos escritos de Freud, uma possibilidade de aliança entre a psicanálise e a filosofia ao recentralizar a questão da psicanálise nas relações entre sujeito e verdade. A verdade estudada por Lacan não é a verdade "da" psicanálise, não é uma verdade "sobre" o sujeito, mas uma verdade "do" sujeito. Uma verdade inseparável dos efeitos de linguagem. Ou seja, dois campos que não evitam o sujeito em nome de uma racionalidade.

Considerar a questão da produção do conceito de adolescência e suas implicações no campo da educação – campo esse, como vimos, constitutivo do conceito – faz-nos considerar que os saberes sobre a adolescência e os jogos recorrentes e continuamente constitutivos destes saberes que daí decorrem levam a educação – "pensada" para os adolescentes – para um universo de certezas sobre quem é, o que quer e quem devem ser os sujeitos categorizados como "os adolescentes". A educação, nesse sentido, fica restrita ao uso das técnicas adequadas promovidas por esses saberes. Contudo, em consonância com a psicanálise, afirmamos que a educação não se realiza no âmbito da técnica – com vistas a um adulto feliz –, mas no campo ético e o que é constitutivo do campo ético é o "não saber".

Esse "não saber" não é acessível pela palavra plena – sobre a adolescência ou sobre qualquer outra coisa – que poderia eliminar o desamparo estrutural do sujeito. Por isso, concluímos com a psicanálise sobre o que esta pode dizer à educação que o "não-saber-o-que-fazer-com-isso" que desconfigura as verdades (as certezas) sobre a adolescência, pode, quiçá, possibilitar o ato educativo. Ato esse que não se dará quando a certeza está colocada no lugar da aposta quanto aos (im)possíveis "resultados" da educação.

Do mesmo modo, concluímos – sempre provisoriamente – que os "resultados" da educação nunca serão os esperados (ver Freud, 1996), mas quanto à adolescência além de toda a impossibilidade – decorrente da ilusão de uma educação pensada na totalidade – temos a força de um conceito que prefigura o sujeito e faz movimentar saberes no campo educacional, provocando uma "educação" que se dá em nome de um conceito.

Entendemos, contudo, que, se após um século do advento das primeiras formulações da psicologia da adolescência, ela ainda é convocada a ajustar as práticas pedagógicas – e essas convocadas a ajustar a própria psicologia – para os adolescentes, é porque se acredita que ela pode resolver os impasses que "a" adolescência coloca para a educação. Se as práticas (psico)pedagógicas infantilizam os sujeitos "adolescentes" colocando-os num período de espera, se lidam com todos os "adolescentes" da mesma forma porque os supõem parte de uma categoria universal (por seus atributos naturais), se ainda se permite que as respostas da psicologia sobre a adolescência deixem escapar o "humano" da educação

Considerações

e entende-se que a educação para o adolescente precisa estar ancorada no campo da certeza sobre a sua sexualidade, agressividade, impulsividade e etc. é porque se acredita que suas respostas são corretas. E se ainda persiste essa crença, é porque a inexistência de tais explicações e prescrições – os saberes – faria esvaecer do discurso pedagógico essa "entidade conceitual" denominada adolescência.

Por isso, perguntamos: se tal entidade conceitual deixasse de "existir", o que seria colocado em seu lugar? Como educar sujeitos (de 12 a 18 anos) sem a adolescência como anteparo? O que estaria nesse lugar? E mais, é possível "educar" sem o anteparo das crendices pseudocientíficas?

Para responder essas questões será necessária uma nova "viagem", mas nessa aventura cada leitor embarcará como puder.

Referências bibliográficas

ABRAMO, H. W. *Cenas juvenis*: punks e darks no espetáculo urbano. São Paulo: Scritta, 1994.

_____. Considerações sobre a tematização social da juventude no Brasil. *Revista Brasileira de Educação*, São Paulo, n. 5 e 6, p. 25-36, 1997.

AGUIAR, T. M. B. *O discurso (psico)pedagógico sobre a adolescência*: análise dos impasses docentes provocados pela teorização da adolescência. São Paulo, 2007. Dissertação (Mestrado) – Faculdade de Educação, Universidade de São Paulo.

ALMEIDA, S. F. C. Psicanálise, psicologia e educação: três discursos diferentes. In: BUCHER, R. *Psicologia e psicanálise*: desafios. Brasília: UnB, 1993. p. 21-30.

ARIÈS, P. *História social da criança e da família*. 2. ed. Trad. Dora Flaksman. Rio de Janeiro: Guanabara, 1986.

ARENDT, H. *Entre o passado e o futuro*. 3. ed. São Paulo: Perspectiva, 1992.

CARON, J. C. Os jovens na escola: alunos de colégios e liceus na França e na Europa (fim do século XVIII – fim do século XIX). In: LEVI, G.; SCHMITT, J.-C. *História dos jovens*. Trad. de P. Neves, N. Moulin, M. L. Machado. São Paulo: Cia. das Letras, 1996. v. 2, p. 137-94.

CÉSAR, M. R. A. *A invenção da adolescência no discurso psicopedagógico*. Campinas, 1998. Dissertação (Mestrado) – Faculdade de Educação, Universidade Estadual de Campinas, 1998.

CHAUÍ, M. S. *Cultura e democracia*: o discurso competente e outras falas. 10. ed. São Paulo: Cortez, 2003.

CORDEIRO, J. M. S. Adolescência e toxicomania. In: CONGRESSO INTERNACIONAL DE PSICANÁLISE E SUAS CONEXÕES. O adolescente e a modernidade. Rio de Janeiro: Cia. de Freud, 1999. p. 138-145.

COSTA, J. F. *Ordem médica e norma familiar*. 2. ed. Rio de Janeiro: Graal, 1983.

COULOUN, A. *A escola de Chicago*. Campinas: Papirus, 1995.

DEBERT, G. G. As classificações etárias e a juventude como estilo de vida. In: ___. *A reinvenção da velhice*. São Paulo: Edusp; Fapesp, 1999.

DUBET, F. Des jeunesses et des sociologies: le cas français. *Sociologie et Societés*, v. XXVIII, n. 1, 1996.

ERIKSON, E. H. *Identidade, juventude e crise*. 2. ed. Rio de Janeiro: Zahar, 1976.

ESTRADA, D. D. É o fim do mundo. In: CONGRESSO INTERNACIONAL DE PSICANÁLISE E SUAS CONEXÕES. O adolescente e a modernidade. Rio de Janeiro: Cia. de Freud, 1999.

FABRE, D. Ser jovem na aldeia. In: LEVI, G.; SCHMITT, J. C. *História dos jovens*. Trad. P. Neves, N. Moulin, M. L. Machado. São Paulo: Cia. das Letras, 1996. v. 2, p. 49-82.

FINK, B. *O sujeito lacaniano*: entre a linguagem e o gozo. Rio de Janeiro: Jorge Zahar Editor, 1998.

FLEIG. M. O sintoma social da adolescência como impasse de filiação. *Revista da Associação Psicanalítica de Porto Alegre*, Porto Alegre, 1999. p. 281-90.

FOUCAULT, M. *Vigiar e punir*: nascimento da prisão. Petrópolis: Vozes, 1983a.

_____. *A verdade e as formas jurídicas*. Trad. Roberto Machado e Eduardo Jardim Moraes. Rio de Janeiro: NAU Editora, 1983b.

_____. *Os anormais*. Curso do 'Collège de France' (1974-1975). Trad. Eduardo Brandão. São Paulo: Martins Fontes, 2002.

_____. *A ordem do discurso*. Aula inaugural no Curso do 'Collège de France' (1970). Trad. Laura Fraga de Almeida Sampaio. São Paulo: Loyola, 2004.

_____. *História da sexualidade*: a vontade de saber. Trad. Maria Thereza da Costa Albuquerque e J. A. Guilhon Albuquerque. 18. ed. Rio de Janeiro: Graal, 2007.

FREUD, A. *El yo e los mecanismos de defensa*. Buenos Aires: Paidos, 1954.

FREUD, S. Três ensaios sobre a teoria da sexualidade. In: ___. *Edição standard brasileira das obras psicológicas completas de Sigmund Freud*. Rio de Janeiro: Imago, 1996a.

_____. O futuro de uma ilusão: o mal-estar na civilização e outros trabalhos: 1927-1931. In: ___. *Edição standard brasileira das obras psicológicas completas de Sigmund Freud*. Rio de Janeiro: Imago, 1996b.

HALL, G. S. *Adolescence*. Nova York: D. Aplleton and Company, 1925.

HOBSBAWM, E. *Sobre a história*. São Paulo: Cia. das Letras, 1998.

JERUSALINSKY, A. Traumas de adolescência. *Revista da Associação Psicanalítica de Porto Alegre*: Adolescência entre o passado e o futuro, Porto Alegre, 1999. p. 10-28.

KUPFER, M. C. M. *Educação para o futuro*: psicanálise e educação. São Paulo: Escuta, 2000.

_____. *Freud e a educação: o mestre do impossível*. 3. ed. São Paulo: Scipione, 2002.

LACAN, J. *Escritos*. México: Siglo XXI, 1984.

Referências bibliográficas

LACAN, *O seminário, Livro 17*: o avesso da psicanálise (1969-1970). Trad. Ari Roitman. Rio de Janeiro: Jorge Zahar Editor, 1992.

_____. *O seminário – Livro 11*: os quatro conceitos fundamentais da psicanálise. Rio de Janeiro: Jorge Zahar Editor, 1998.

_____. *Outros escritos*. Trad. Vera Ribeiro. Rio de Janeiro: Jorge Zahar, 2003.

LAJONQUIÈRE, L. de. *Infância e ilusão (psico)pedagógica*: escritos de psicanálise e educação. Petrópolis: Vozes, 1999.

_____. *De Piaget a Freud*: para repensar as aprendizagens. A (psico)pedagogia entre o conhecimento e o saber. Petrópolis: Vozes, 2001.

LESOURD, S. *A construção adolescente no laço social*. Petrópolis: Vozes, 2004.

LEVI, G.; SCHIMITT, J. C. (Orgs.). *História dos jovens*. São Paulo: Cia. das Letras, 1996a. v. 1: Da Antiguidade à Era Moderna.

_____. *História dos jovens*. São Paulo: Cia. das Letras, 1996b. v. 2: A época contemporânea.

LUZZATO, S. Jovens rebeldes e revolucionários: 1789-1917. In: LEVI, G.; SCHMITT, J. C. *História dos jovens*. Trad. P. Neves, N. Moulin, M. L. Machado. São Paulo: Cia. das Letras, 1996. v. 2, p. 195-258.

MANHEIM, K. Funções das gerações novas. In: FORACCHI, M.; PEREIRA, L. *Educação e sociedade*. São Paulo: Cia. Editorial Nacional, 1975.

MANNONI, M. *Educação impossível*. Trad. Álvaro Cabral. Rio de Janeiro: Francisco Alves, 1977.

_____. Apresentação. In: DELUZ, A. et al. *A crise na adolescência*: debates entre psicanalistas e antropólogos, escritores, historiadores, lógicos, psiquiatras, pedagogos. Trad. Procópio Abreu. Rio de Janeiro: Cia. de Freud, 1999.

_____. Apresentação do texto de O. Mannoni. In: CORRÊA, A. I. (Org.). *Mais tarde é agora!* Ensaios sobre a adolescência. Trad. Telma Queiroz. 2. ed. Salvador: Ágalma, 2004.

MARGULIS, M.; URRESTI, M. La juventud és mas que una palabra. In: *Ensayos sobre cultura y juventud*. Buenos Aires: Editorial Biblos, 1998.

MATEUS, T. C. *Ideais na adolescência*: falta (d)e perspectivas na virada do século. São Paulo: Annablume, Fapesp, 2002.

MELMAN, C. Adolescência e drogas. In: CONGRESSO INTERNACIONAL DE PSICANÁLISE E SUAS CONEXÕES. O adolescente e a modernidade. Rio de Janeiro: Cia. de Freud, 1999. p. 11-23.

MELUCCI, A. Juventude, tempo e movimentos sociais. *Revista Brasileira de Educação*, Juventude e contemporaneidade, São Paulo, n. 5 e 6, 1997.

PARSONS, T. *Family, socialization and interaction process*. Glencoe, Ill.: Free Press, 1956.

PASSERINI, L. A juventude, metáfora da mudança social. Dois debates sobre os jovens: a Itália fascista e os Estados Unidos da década de 1950. In: LEVI, G.; SCHMITT, J. C. *História dos jovens*. Trad. P. Neves, N. Moulin, M. L. Machado. São Paulo: Cia. das Letras, 1996. v. 2, p. 319-82.

PEREIRA, M. R. *O avesso do modelo*. Petrópolis: Vozes, 2003.

PERRET-CATIPOVIC, M.; LADAME, F. (Orgs.). *Adolescence et psychanalyse*: une histoire. Paris: Delachaux et Niestlé, 1997.

PERROT, M. A juventude operária: da oficina à fábrica. In: LEVI, G.; SCHMITT, J. C. *História dos jovens*. Trad. P. Neves, N. Moulin, M. L. Machado. São Paulo: Cia. das Letras, 1996. v. 2, p. 83-136.

QUINTANA, M. *Apontamentos de história sobrenatural*. Porto Alegre: Globo, 1976.

RAJCHMAN, J. Foucault pragmático. In: PORTOCARRERO, V.; CASTELO BRANCO, G. *Retratos de Foucault*. Rio de Janeiro: Nau Editora, 2000. p. 68-87.

RASSIAL, J. J. *A passagem adolescente*: da família ao laço social. Porto Alegre: Artes e Ofícios, 1997.

_____. A adolescência como conceito na teoria psicanalítica. *Revista da Associação Psicanalítica de Porto Alegre*: Adolescência entre o passado e o futuro, Porto Alegre, 1999. p. 45-72.

RIBEIRO, C. R. Sujeito-dobradiça: metáfora de subjetividade, metonímia institucional. In: GUIRADO, M.; LERNER, R. (Orgs.). *Psicologia pesquisa e clínica – por uma análise institucional do discurso*. São Paulo: Annablume; Fapesp, 2007. p. 245-62.

RIMBAUD, J. N. A. *Oeuvres complètes*/Arthur Rimbaud (1854-1891). Ed. estabelecida, apresentada e anotada por Antoine Adam. Paris: Gallimard, 1983, 1972.

_____. *A correspondência de Arthur Rimbaud*. 2. ed. Porto Alegre: L&PM, 1991.

RUFFINO, R. Sobre o lugar da adolescência na teoria do sujeito. In: RAPPA-PORT, C. R. (Coord.). *Adolescência: abordagem psicanalítica*. São Paulo: EPU, 1993. p. 25-58.

_____. Adolescência: notas em torno de um impasse. *Revista da Associação Psicanalítica de Porto Alegre*: adolescência, Porto Alegre, 1995. p. 41-46.

SOUZA, M. C. C. C. Aspectos psicossociais de adolescentes e jovens. In: *Juventude e escolarização (1980-1998)*. Brasília: MEC/Inep/Comped, 2002. p. 35-65.

SOUZA PATTO, M. H. *Psicologia e ideologia*: uma introdução crítica à psicologia escolar. São Paulo: Queiroz, 1984.

_____. Teoremas e cataplasmas no Brasil monárquico: o caso da medicina social. *Novos Estudos Cebrap*, São Paulo, v. 44, p. 180-99, março 1996.

Referências bibliográficas

SPÓSITO, M. P. (Coord.). Considerações em torno do conhecimento sobre juventude na área da educação. In: *Juventude e escolarização (1980-1998)*. Brasília: MEC/Inep/Comped, 2002. p. 7-25 .

SPÓSITO, M. P.; PERALVA, A. T. Quando o sociólogo quer saber o que é ser professor. [Entrevista com François Dubet]. *Revista Brasileira de Educação, Juventude e Contemporaneidade*, São Paulo, n. 5 e 6, p. 222-31, 1997.

STEINBERG, D. *Delinquência: um lapso social?* São Paulo, 2002. Dissertação (Mestrado) – Instituto de Psicologia, Universidade de São Paulo.

TAVARES, E. E. Mãe menininha. *Revista da APOA* (Associação Psicanalítica de Porto Alegre), Adolescência entre o passado e o futuro, Porto Alegre, 1997.

VEYNE, P. Le dernier Foucault et la morale. *Critique*, n. 471-2, p. 940, 1982.

WERTHEIMER, M. *Pequena história da psicologia*. São Paulo: Nacional, 1970.

IMPRESSÃO E ACABAMENTO:
YANGRAF Fone/Fax:
2095-7722
www.yangraf.com.br